教育フォーラム*70*
JAPAN SOCIETY OF HUMANISTIC EDUCATION

自己を創る
自己教育に取り組む姿勢と力を

梶田叡一◎責任編集
日本人間教育学会◎編

金子書房

教育フォーラム70

特集◎自己を創る——自己教育に取り組む姿勢と力を

CONTENTS

特集◎自己を創る——自己教育に取り組む姿勢と力を

特　集

自己を創る

自己教育に取り組む姿勢と力を

特集◎自己を創る――自己教育に取り組む姿勢と力を

自己を創る

梶田 叡一○かじた　えいいち

【セルフ・メイド・パーソン】……………………………………………………

　アメリカで時に耳にする言葉に，「セルフ・メイド・パーソン（Self-made person）」というものがある。シカゴ大学やテキサス大学などで 1970年代繰り返し開かれたマスタリー・ラーニング（完全習得学習）のワークショップに参加した際，何度も耳にした印象的な言葉でもある。直訳的に言うと「自分で自分を創りあげた人」といった意味である。お金や地位のある親を持ったわけでなく，有力な人の特別な引き立てを受けたわけでもなく，著名な学校での特別な教育を受けたわけでもなく，何かの特別な幸運に恵まれたわけでもなく，……自分自身の絶えざる努力と才覚で社会的に成功した人，といったニュアンスである。深い敬意を込めて使われていたことを思い出す。

　マスタリー・ラーニング関連の集まりで時にこの「セルフ・メイド・パーソン」という言葉が飛びかったのは，「全ての子どもに一定以上の基礎学力を保障する」というマスタリー・ラーニングの基本課題が，下手をすると教師から子どもへの指導の面ばかりをクローズアップさせるということがあったからでは，と思ったりする。マスタリー・ラーニングの取り組みによって子ども自身

の自主的主体的な学習への取組みと相反する強制的な圧力がかかるのでは困る，ということからであったのだろう。マスタリー・ラーニングに関するベンジャミン・ブルームの基本理念は，「学力は個々人の基礎的な資質能力によって決まってしまうのでなく，その人がその課題の達成のために必要とする努力と時間数をその人が実際に費やしたかどうかで決まる」というものであった。「学習者が自分の学力を一定の目標以上のところまで向上させようと自らを駆り立てることがないなら，マスタリー・ラーニングは実現しない」のである[1]。「学力保障」は「学習者当人の自主的主体的な努力をどう引き出し，どう持続させるかにかかっている」ことが，当時マスタリー・ラーニングを推進しようとしていた研究者・実践者に強く意識されていたことを思いだす。こうした自主的主体的な努力の持続こそが「セルフ・メイド・パーソン」を成り立たせていることは，あらためて言うまでもない。

　しかしながら，「自分で自分自身を創っていく」ということは特別な成功者に当てはまるだけのことではない。結果の良否は問わず，人は結局，「自分で自分自身を創っていく」しかない，とも言えるのである。立派な自分を創っていくのも私自身なら，自分の現実の姿に気づいて唾棄すべきものと自己嫌悪に陥るほどの詰まらぬ自分になってしまうのも，結局は自分の責任である。そういうことであるなら，できるだけ早い機会に自分自身に対する自分の責任を自覚し，自分自身を自分の願いとし志している方向に創りあげていくべく努力する，といった自己対応の習慣を付けていくようにしたいものである。

【「自学自習」と「守破離」の精神】

　こうしたことが頭にある時，ふとしたことで目に触れたのが，京都大学の学士課程のアドミッション・ポリシー（入学者受入れに関する基本方針）である[2]。「自由な学風」を標榜してきた京都大学は，入学志願者に対して何よりもまず「自学自習」を求めているのである。

　「京都大学は，教育に関する基本理念として『対話を根幹とした自学自習』

を掲げています。京都大学の目指す教育は，学生が教員から高度な知識や技術を習得しつつ，同時に周囲の多くの人々とともに研鑽を積みながら，主体的に学問を深めることができるように教え育てることです。なぜなら，自らの努力で得た知見こそが，次の学術展開につながる大きな力となるからです。

　このため，京都大学は，学生諸君に，大学に集う教職員，学生，留学生など多くの人々との交流を通じて，自ら学び，自ら幅広く課題を探究し，解決への道を切り拓く能力を養うことを期待するとともに，その努力を強く支援します。このような方針のもと，優れた学知を継承し創造的な精神を養い育てる教育を実践するため，自ら積極的に取り組む主体性をもった人を求めています。」

　ここで言われている主体的な自学自習の取組みを行うこと，しかもそれを自分自身の狭い世界に閉じこもったままでなく多様な人たちとの交流・対話の中で行うこと，このことは大学だけでなく，高等学校でも中学校でも，そして小学校でも，さらには生涯学習においても必要とされる望ましい学びの形ではないだろうか。これこそ，自分自身の責任で「自己を創る」ということの具体的な姿でもあろう。京都大学は，筆者自身が学生生活を送ったところでもあり，また短い期間ではあったが教授として学生や大学院生の指導に当たったところでもある。まさに「我が意を得たり」といった感慨がある。

　しかしながら，自学自習には大きなエネルギーが不可欠である。しかもそこには独善や気儘といった危険な落とし穴も存在している。行き当たりばったりに好きなことを好きな時に好きな形で学んでいくということであっては，着実な前進，一貫した成長を自分自身にもたらすことはできない。自分自身の羅針盤を持ち，自分自身の現状をよく見極め，持続的なエネルギーを注ぎ込んで，緩急自在に自分自身を前進させていく，といった姿勢と能力が不可欠である。

　ここで思い起こされるのが，わが国で何かを習得していく際，伝統的に強調されてきた「守破離」の精神である。これは，とりわけ武道や芸事，茶道などの稽古において強調されてきた考え方であるが，何事であっても1つの道に精

進していく上では，まず「守」を大事にし，その上で「破」を大胆に試み，それを通じて結局は「離」を実現し，自分自身に固有の世界を展開していくことを目指していこう，というものである。

「守」を大事にするとは，これまで積み重ねられ練り上げられてきた優れた知や技などの体系を尊重し，それをきちんと踏まえた学びに取組むということである。芸事や武道などであれば，その流派で大事にされてきた考え方や技法を忠実に守って修業していくということになる。学校教育との関わりでは，教師の指導を真剣に聞き，教科書を丹念に読み込み，参考書を入念に参照していくことが大切になるのではないだろうか。こうした形での学びは，自主的主体的な取組みに相反するものではないか，という感想もあるかもしれない。しかしながら，独善や気儘にならないよう，着実な形で自分の学びを積み重ねていくためには，まずもって虚心坦懐になり，学ぶべき大きな体系を見極め，それに添った形で学びを進めていくよう努めることが必要ではないだろうか。

「破」とは，自分で体系的に学んできたものを時には別の視点から見直し，他の流れの考え方なども参照しながら良いところは取り入れ，まずいと思うところには修正を施し，自分の学びを幅広いものとして発展させていく，ということである。先に見た京都大学の自学自習の考え方に，「対話を根幹とした」という条件づけがなされているのは，まさにこの「破」を視野に入れたものと言うことができるであろう。学校の学びにおいても，ある程度まで基礎的な学びができたならば，教科書や教師の指導を乗り越えて他の見方・考え方や資料にも目を通してみること，また様々な考え方や立場の人たちと率直な対話を試み自分自身の見方・考え方を鍛えていくことが大切になる。それによって教科書に述べられているところを乗り越えた視点を持ち，視野を広げ，自分なりに考え直して，自分自身のものといえる知見の体系を築いていくことが可能になるであろう。自分の「実感・納得・本音」を基盤とした主体的な学びを進めていくためには，学びの過程に「破」の契機を組み込んでおくことが，まさに必要不可欠なのである。

最後の「離」とは，学んできた体系から離れて，自分自身の独自な体系を打

ち立てることである。学校教育でも，時には教師の指導や教科書に述べられているところを乗り越えた立場に立って自分独自の見解を練り上げ，新たな考え方を自分なりに打ち立てることが必要になるのではないだろうか。この際に大事になるのは，自分自身の「実感・納得・本音」に深く根ざすことである。これがなくては，単なる新奇な主張の思いつき的な展開，というだけになってしまうであろう。「離」の段階は，学びが進んでいくにつれて常に念頭に置くべき可能性であろうが，自分自身の中に本当の根拠となるものがあるかどうか，慎重に考えていくべきところでもある。

　こうした「守破離」の考え方は，まさに本来の自学自習の根幹をなすべきものではないだろうか。

【人間的に価値ある志・使命感と主体性】……………………………………

　こうした形で「自分で自分自身を創っていく」ことに努める場合，自分自身の羅針盤に導かれて自学自習を進めていく主体性の強化が大きな課題となる。

　主体性の根幹は，自分自身に対する誠実さである。周囲の人の顔色を窺い，親や教師や強い友人などに気に入られようと同調・迎合に努める姿勢を脱却して，自分が今やるべきことに自分で納得できる形で取り組んでいくことである。このためには自分自身への振り返りの習慣を持ち，自分の内面にあるものを大事にし，常に自分自身の「実感・納得・本音」の世界に根ざした言動となるよう努めることが大切になるであろう。

　日本の学校教育は，ややもすると，子どもに素直さなり同調性なりを求めてきたと言ってよい。他の子どもたちと同じように建前的な発言をし，その場で求められる態度や行動を現すことに努め，突出した独自の発言や行動を慎む，といった方向で指導する傾向があったことは，あながち否定できないであろう。これでは，主体性が少しずつでも育っていく，というわけにいかない。子どもの意識が周囲の世界に過度に依存しないように，自分自身の内面から出てくるものを何よりも大事にするよう常に指導していきたいものである。

　こうした「自分自身に対する誠実さ」を根幹とした主体性を堅持しつつ，自

分自身の羅針盤に導かれながら前進していかなくてはならないのであるが，その目指すべき方向を常に指し示すのが，自分なりの志であり，使命感である。子どもには発達段階に応じて，何とか少しずつ，自分の人生をかけてやりたいこと，やりとげたいことを考えさせていきたいものである。そうした自分なりの大きな方向づけとの関連のないまま毎日毎日勉強していくだけであるなら，結局は成績をよくするためにとか，立派な上級学校に進学するためにといった，卑近な志に導かれるだけのことになる。目先の具体的な目標を持つことも大事なことではあるが，本当に自分で自分を創っていき，自分で満足できる「セルフ・メイド・パーソン」となるためには，自分の人生という長い目で見た，そして本質的な意味なり価値なりを持つ目標を持ちたいものである。

　自分なりの羅針盤を持つといっても，その志なり使命感が独善的で自己中心性の強いものである場合，困ったことになるので注意が必要であろう。やはり自分自身がどうなりたいというだけの志や使命感ではなく，自分がその姿になっていくことを通じて「世のため人のため」にもなる，というものであってほしい。例えば各国の政治家の中には，権力を握ることに向けて日々努力し，その志通り権力を獲得したならばそれを自分の私利私欲のために使う，という姿が時に見られる。こうした志なり使命感なりは醜悪で見苦しいものとしか言いようがない。そこまでいかなくても，「上昇志向の強過ぎる人」と言われることがあるような人の場合も，見苦しく，時に傍迷惑である。自分の社会的地位が上昇して「偉く」なるために，その手段として役立ちそうな人に取り入ろうとしたり，周囲にハッタリをかませたり，といった姿である。人間としての信頼に値しない姿である。そうした人は確かに一時期華やかな地位を占めることがあるかもしれないが，歳を重ねて老年になるに従い仲間の無い孤立した惨めな姿を晒すことになってしまう。そうした人の無意識の世界にひそむ本源的自己には，乳幼児からの育ちの中で，周囲からの拍手喝采や尊敬尊重の態度での接せられ方を求める巨大な欲求不満が渦巻いているのだろうと哀れに思い，深く同情するものではある。しかしながら，「上昇志向」の強さだけでは，自分で満足でき，また周囲から真の尊敬を得る方向で「自分を創る」ことは不可能な

のである。いくら自分なりの羅針盤を持って自学自習し，自分自身を着実に創りあげていったとしても，人間としての高い価値を実現するのでなくては，どうにもならないであろう[3]。

【「頑張り」というエネルギーの持続方策を】……………………………

　人間的な高い価値をはらんだ志なり使命感なりを持って自学自習を粘り強くやっていくためには，緩急はあるにせよ持続的に頑張っていく姿勢を習慣づけていかなくてはならない。当然のことながら，その「頑張り」は，外的に強制されたものでなく，外部の状況を気にしてのものでもなく，自分自身の内面に根拠を持つものでなくてはならない。例えば次の３つのタイプの「頑張り」が，習慣として身についていってほしいものである。

　まず第１は，内的に手応えがあり，やりがいを感じるから，ということでの「頑張り」である。「ああ，できた！」という達成感，「自分にもやれるんだ」という効力感に基づいての「頑張り」と言ってもいいであろう。こうした達成感，効力感を育てるためには，子どもが何かをうまくやったら「よくやれたね」と積極的に認めてやり，誉めてやることである。こうした体験の積み重ねが，達成感，効力感に基づく自学自習の姿勢を育てていくことになるであろう。

　第２は，自分にとって大事なことだから，という気持ちに基づく「頑張り」である。目の前の課題に対して自我関与（Ego-involve）の気持ちを持って取組むといった「頑張り」と言ってもいいであろう。面白く感じられない課題であっても，やりがいの感じられない課題であっても，大事なことだからと自分を励まし，くじけそうになる気持ちを支えつつ取組んでいく習慣を育てていきたいものである。課題への自我関与を強くしていくためには，子どもが当面する学習課題のはらむ意味や意義について考える機会を持たせることが大事であるが，教師や親の側からも当面の課題の大事さについて折にふれ語ってやることも大切ではないだろうか。

　第３は，しんどいことだからこそ頑張る，といった対処（Coping）の姿勢を培っていくことである。江戸時代の儒学者・熊沢蕃山の歌にある「憂きことのなお

この上に積もれかし」といった気持ちで当面の学習課題に取組み続ける「頑張り」である。長い目で見て大事を成し遂げる人は，こうした対処性の点で優れたものを必ず持っている。楽な方に楽な方にと逃げるのではなく，つらいことだからこそ自分自身を励まして取組みを続けていく，といった対処性の重要さについて，折にふれ説いていくことが必要ではないだろうか。

「自己を創る」という気持ちを持つことは，自分自身に対して「花ある」夢を持つことである。日常生活の瑣事の連続の中で，大人も子どもも，自分の行く末，自分の上に実現していく可能性，何とか自分に実現していきたいもの，が見落とされがちになってしまう。時に立ち止まって，自分の置かれた状況を眺め，自分自身の現状を見つめ直し，道は険しく狭いものであったとしても自分自身に開かれている未来，を考えてみたいものである。

注

(1) 梶田叡一『ブルーム理論に学ぶ』明治図書出版，1986，梶田叡一『教育における評価の理論2 学校学習とブルーム理論』金子書房，1994，を参照されたい。

(2) 京都大学入学者受入れの方針（アドミッション・ポリシー）
https://www.kyoto-u.ac.jp/ja/education-campus/curriculum/gakubu/ad-policy

(3) 梶田叡一『人間教育の道──40の提言』金子書房，2022，を参照され，人間的な価値を実現していく自己教育について考えてみていただきたい。

特集◎自己を創る──自己教育に取り組む姿勢と力を

●

学校で自己を創る姿勢と力を

●

鎌田 首治朗○かまだ　しゅうじろう

1 「自己を創る姿勢と力」二つの要件

　学校で「自己を創る姿勢と力」を学習者に育てるために，学校と教師は何を すべきなのか。──この問いに答えるために，まずは「自己を創る」ことや， そのための「姿勢と力」の要件を考えていくことにしたい。

一つ目の要件………………………………………………………………………………
　「自己を創る」という文章の主語は，何であろうか。
　それは，自分自身である。そうでないと，他者によって創られた自己になっ てしまう。それでは，その他者の目や意を気にして，肝心なことを自分で決め られない，操り人形のような主体性のない自己を創ることになってしまう。
　つまり，「自己を創る」ということは，「自分（I）が自分（me）を創る」こ とに他ならない。「自己を創る姿勢と力」には，一つ目の要件でもある「自分（me） を創る」もうひとりの「自分（I）」が必要になる。この「自分（I）」を，抽論

では「自己を創るもう一人の自分（I）」（以降，「自分（I）」）と呼ぶことにする。

　この「自分（I）」が，自己を見つめ，とらえることはもちろんのこと，うまくいかない自分も含めて，丸ごとの自分を受け止め，愛してこそ，「自己を創る」ことは前に進む。なぜなら，「自己を創る」行為には，必ず葛藤や困難，諦めたくなる自分というものがつきまとうからである。

二つ目の要件……………………………………………………………………………………

　学習者には，意欲的に「自己を創る」ことに取り組んでほしい。そのためには，目標がある方がよい。それが，「なりたい自分」である。「なりたい自分」が不明確であれば，自己を見つめる行為の質も高まりにくい。「自己を創る」行為の進捗状況や評価は，「なりたい自分」という目標があってこそ明確になるからである。

　そこで，「自己を創る姿勢と力」の要件の二つ目を「なりたい自分をもつ姿勢と力」とする。この要件の重要性を，夏目漱石の幻想小説『夢十夜』の「第六夜」から考えてみよう。

「第六夜」

　「第六夜」は，運慶が護国寺の山門で仁王を刻んでいることを知った主人公が，評判の運慶を見に行く話である。運慶とは，あの東大寺南大門金剛力士像で有名な仏師，運慶に他ならない。「夢十夜」は夢の中の話であるため，明治時代を生きる主人公が，平安時代末期から鎌倉時代初期にかけて活動した運慶を見に行ける。この話に，次のような箇所がある。

> 「よくああ無造作に鑿（ノミ：筆者付記）を使って，思うような眉や鼻ができるものだな」と自分はあんまり感心したから独言のように言った。するとさっきの若い男が「なに，あれは眉や鼻を鑿で作るんじゃない。あの通りの眉や鼻が木の中に埋まっているのを，鑿と槌の力で掘り出すまでだ。まるで土の中から石を掘り出すようなものだからけっして間違うはずはな

い」と云った（夏目，1999）。

「若い男」によれば，運慶は「土の中から石を掘り出す」ように間違うことなく仏像を木から掘り出している，という。そこには，運慶の異次元に高い仏師としての力量が示されている。

主人公も

その話を聞いて主人公も，運慶を真似て「片っ端から掘って」みる。しかし，仁王は皆目現れない。とうとう主人公は，「明治の木にはとうてい仁王は埋まっていないものだ」と悟る。「明治の木」には，運慶の生きた時代の木と違い，石の仏像は埋まっていなかった，というわけである。「木」は時代を表し，運慶の生きた時代と主人公の生きる明治との時代の違い，それが人間に与える価値や影響の大きさを浮かび上がらせる。

運慶における「なりたい自分」

ここで，「仏像」を「なりたい自分」に置き換えてみる。すると，「仏像」を木から掘り出す行為は，自分が生きている時代において「なりたい自分」になるために「自己を創る」こと，としてとらえることができる。

運慶は，時代という木の中に「なりたい自分」が隠れていても，間違うことなくそれを掘り出せる。つまり運慶は，「木」という時代の中に「なりたい自分」を「石」のようにもっている人間，木の中の石のように「なりたい自分」を明確にできる「自己を創る姿勢と力」をもった人間，ということになる。

二つの要件

このように考えると，主人公が「なりたい自分」を掘り出せなかった理由は「明治の木」のせいだけとはいえなくなる。「明治の木」と表現された「時代」，その影響に惑わされたり，取り込まれたりして，「なりたい自分」が埋もれ，見えにくくなってしまっている主人公の問題がある，ということである。

「第六夜」をこのようにとらえると，「自己を創る」ためには，「なりたい自分」を明確にすることの重要性が見えてくる。「自己教育の姿勢と力」には，「『自分（I）』をもつ姿勢と力」とともに，「『なりたい自分』を明確にする姿勢と力」が必要になる，というわけである。

2　学校で自己を創る姿勢と力を育てるためには

ASCD の５つの主張

　次に，「『学校で自己を創る姿勢と力』を育てるために，学校と教師は何をすべきなのか」を考える。そのために，梶田（1996）が紹介している「ASCD（教育経営・カリキュラム開発協議会）」の５つの主張を軸に考える。

　梶田は，「欧米諸国など，経済的に豊かになった国々を先頭に，今あらためて人間的成長を主眼とした教育が追究されるようになってきている」中で「自己概念への着目が重要なポイントとしてクローズアップされている」として，「アメリカの有力な教育団体の一つである ASCD（教育経営・カリキュラム開発協議会）は，1962年の年報で，自己概念の教育を各学校の主要課題として強調」していることを紹介している。

　この「自己概念」について梶田は，「自分自身について体系的に概念化された認識ないし信念であり，自分自身についての『物語』といっていい」（p.46）と述べている。「自己を創る」ということも，自分が育つ「物語」を通して，「自分自身について」の「体系的に概念化された認識ないし信念」を自分の中に構築し，磨いていくことであるといって差し支えない。つまり，「自己概念」を「自己を創る」ことに置き換えてみると，ASCD の５つの主張は学校で「学校で自己を創る姿勢と力を育てるため」の重要なポイントを示唆するものになる。

　梶田の５つの主張は，以下のものである（pp.44-45）。

① 　教師は，この（自己概念の教育の：筆者付記ママ）重要性を十分に認識しなくてはならない。

> ② 教師は，教育過程の本質的な一部をなすものとして，自己概念の問題の重要性を授業のなかで生かしていくよう努めなくてはならない。
> ③ 教師は，自己を探究し発見しようとする雰囲気が学級に生じるよう，さまざまな方策を講じなくてはならない。
> ④ 教師は，学習者が肯定的な形で自己を発見するのを積極的に援助するため，さまざまな方策を講じなくてはならない。
> ⑤ 教師は，学習者に自分自身への肯定的な見方が生じるよう，教師自身についても学習過程についても学習者についても，自らが肯定的な見方をするよう努めなくてはならない。

①の重要性……………………………………………………………………………

　5つの主張を見ると，①の重要性が際立っている。

　②の「自己概念の問題の重要性を授業のなかで生かしていく」努力も，③の「自己を探究し発見しようとする雰囲気が学級に生じるよう，さまざまな方策」を講じることも，④の「学習者が肯定的な形で自己を発見するのを積極的に援助するため，さまざまな方策」を講じることも，それらを主導的に行う主体である教師の認識によって，具体のレベルや質は変わってしまう。つまり，②も③も④も，実は①にある教師の認識次第，というわけである。

　このことは，⑤でより明確になる。学習者に「自分自身への肯定的な見方が生じる」ためには，「教師自身」と「学習過程」と「学習者」についての教師の「肯定的な見方」が鍵になるというのである。⑤では，「認識」から「見方」へと表現が変わっている。

　ここで述べられていることを端的に述べるなら，自己概念の教育は教師次第，ということである。これを「自己を創る」教育に当てはめれば，「自己を創る」ことの重要性を教師が十分に「認識」する「見方」をもつことが，「学校で学習者に『自己を創る姿勢と力』を育てるために」極めて重要なことになる，ということである。

3　三つ目の要件

　5つの主張から，三つ目の要件が明らかになっていく。それが，教師の「『自己を創る』ことにつながる価値観，ものの見方・考え方」（以降，「価値観，ものの見方・考え方」）である。ここでは，ある対象との関係で使うことの多い静的で，知るレベルも含まれる「認識」ではなく，この世界を対象にして動的で，深さを問うことができる「価値観，ものの見方・考え方」という表現を使って考える。

　「価値観，ものの見方・考え方」は，「なりたい自分」（二つ目の要件）になりたい，そのために自己を創ろう，という意欲を根本に，一つ目の要件で述べた「うまくいかない自分も含めて，丸ごとの自分を受け止め，愛して」進もうとする「姿勢と力」を土台にし，結果に左右されないで自分の努力を追いかけられる「価値観，ものの見方・考え方」や，「なりたい自分」への努力を諦めない「価値観，ものの見方・考え方」からなる，と考える。そう考えないと，「自己を創る」ことがうまく進まない現実が，今の時代の教師にはあるからである。

職責と困難

　教育的現象を決定する変数は，学習者の違い，学習集団の違い，学校や学級の文化の違い等々，数多くある。しかし，どの場においても5つの主張にある①，拙論で述べるところの教師の「価値観，ものの見方・考え方」が，教育のレベルを左右する。それは，教育における教師の存在の重要性と，その職責の重大さを示している。それだけに，教師は常に「自己を創る」ことを求められる。

　しかし，「自己を創る」ために必要な，前向きで健康な精神状態にいられないような危険性が，今の時代の教師には存在する。教師の残業時間の調査からは，教師の多忙化と，置かれている状況の厳しさが見えてくる[1]。さらには，学習者個々が抱える事情や課題，問題は，少子化をはじめとする時代の姿とともに複雑化している。教師の対応には難しさが増え，その負担は物理的，精神的に

も厳しいものがある。その中で，もし学級経営や学習者への対応等々で，悩んだり，苦しんだり，自信を失いかけたり，傷ついたりしている教師がいたとしたら，「自己を創る」ことの重要性がわかる教師ほど，自分を責めたり，苦しんだりするだろう[2]。

　これら教師の置かれている状況を「ブラック」としてとらえ，その面に焦点化した報道が多い時代にもなっている。今，若者の中で教員志望者が減少傾向にある。これは，戦後初めてと言っていいほどの大きな変化であるが，その原因には少子化とその影響だけでなく，教師の仕事を「ブラック」な面から焦点化してとらえることも含めた時代の影響がある。

時代との格闘……………………………………………………………………………

　「第六夜」での「明治の木にはとうてい仁王は埋まっていないものだ」という主人公の言葉を「自己を創る」こととしてとらえると，主人公の言葉は明治の時代に「自己を創る」ことの難しさを語る言葉ともいえる。主人公の生きる明治の時代では，主体としての「自己を創る」ことがとても難しく，「自己を創る」ためには時代との格闘が必要になってくる，ということである。

　しかし，「自己を創る」ために時代との格闘が必要なことは，主人公が生きた明治時代だけの話では決してない。今の時代を生きる私たちも，時代の制約とは無関係ではなく，大きな影響を受けている。むしろ「自己を創る」ということには，そもそも時代が自分に自然と刷り込んでくるあやふやな価値観との格闘とその上書き，自分による新たな意味構成がどうしても必要になってくる。

　今の時代の影響を受けていたとしても，教師の仕事を若者がどうとらえるのかということも，若者の教員志望者減少傾向を教育行政や，厳しい学生獲得競争におかれた大学関係者がどのようにとらえるのかということも，結局は個々の人間の「価値観，ものの見方・考え方」に任されている。時代の影響をどう受け止め，どう自分が消化し，この世界をどのようにとらえるかは，個々の「自己」のあり方次第なのである。だからこそ，三つ目の要件「価値観，ものの見方・考え方」は重要になってくる。これによって，「自己を創る」行為が前向

きにも後ろ向きにもなり，本質的にも表面的にもなるからである。

4　求められる「価値観，ものの見方・考え方」

「みんな，諦めたくなるのよ」……………………………………………

　求められる「価値観，ものの見方・考え方」は，自分を自分でいじめ，苦しめ，自己否定し，目の前の世界を暗く絶望的なものにみえさせている自分自身の「価値観，ものの見方・考え方」を転換できる「価値観，ものの見方・考え方」，ともいえる。

　2022年，巷で流行した韓流ドラマに『二十五，二十一』という作品がある。この作品には，フェンシングを通して成長し母となった主人公ヒドが，頑張っていたバレエを辞めるという娘に，その訳を訊くシーンがある。

　「全然上達しないから」と言う娘に，ヒドは「もしかして，実力は坂のように上がると思ってる？」と尋ねる。親子でペンキ塗りをしていた塀に，ヒドは坂と3段ほどの階段を描き，「（実力は：筆者付記）坂じゃなくて階段のように上がっていくの」と娘に語る。そして，塀に描かれた3か所の階段の平らなところ（「踏み面」と呼ばれる）に印をして，次のように語る。

　　みんな，こことこことここ（「踏み面」：筆者付記）で諦めたくなるのよ。
　　この段を越えれば，急成長が待ってるのを知らないの。
　　なぜなら，ここ（同上）が永遠に続きそうな気がするから。
　　（Netflix『二十五，二十一』(2022) 第7話 原作・制作：チョン・ジヒョン，クォン・ドウン　出演：キム・テリ（ヒド），キム・ソヒョン（母になったヒド），チェ・ミョンビン（娘））

そして，ヒドは娘にこう話す。
「よく考えて。バレエが好きなのか。褒められるのが好きなのか」と。
さらに，「褒められるのが好きならやめてもいい。でも，バレエが好きなら

考え直して」と話す。

「価値観，ものの見方・考え方」の力と重要性──ヒドの言葉の意味………

　人間は，「実力は坂のように上がる」「褒められるのが好き」という「価値観，ものの見方・考え方」になってしまうと，好きなバレエが辞めたくなるほどつらいものにもなっていく。「褒められるのが好き」なために，褒めてもらえる結果につながらなかった自分の努力は無駄で無意味なものに思え，自分自身も無力，無能に思えていく。そして，努力することがつらくなっていく。

　ヒドのように「坂じゃなくて階段のように上がっていく」という「価値観，ものの見方・考え方」を手にした人間は，「この段を越えれば，急成長が待ってる」ことを知っている。そこに至るためには，自分がつらくても努力し続けることしかないということを認識している「価値観，ものの見方・考え方」を手にしている。さらに，結果を追いかけたり，他者評価を気にして生きたりすることが，自分から努力する「姿勢と力」を奪うものであり，自分の身にならない，脆くて儚いものであることも認識している「価値観，ものの見方・考え方」を手にしていることになる。

　では，そういう「価値観，ものの見方・考え方」に至る前の各個人が，つらくても諦めずに努力できる動機やエネルギーは何なのか。

　ヒドは，それが「好き」だという自分の気持ちなのだ，と考えている。だから，ヒドは「褒められるのが好きならやめてもいい。でも，バレエが好きなら考え直して」と大事な娘に述べたのである。

　ヒドの述べた実力の伸びに対するとらえ方に全面的に賛同しているわけではない。しかし，このシーンは，人間の「価値観，ものの見方・考え方」が「自己を創る」努力を続けるか，つらいから諦めてしまうか，ということを決定するほど重要な「自己を創る姿勢と力」であることを，フィクションがもつ本質を射抜く力とともに示されている。

うまくいかないこともある………………………………………………………

　「自己を創る」ことは，人生を生きることと同様に，長い時間を要する。その間に，困難にもぶつかりやすい。努力の手応えが感じられず，困難に阻まれ，諦めたくなる気持ちになることが，当然起きる。教師の仕事の場合には，一層その傾向は強い。これもある意味，時代の影響である。

　だからこそ，三つ目の要件「価値観，ものの見方・考え方」が重要になる。苦しいとき，つらいときの「うまくいかない自分」を，愛せるのか愛せないのか。その全てを受け止め自分だけは自分の味方になれるのか，うまくいかないからと自分で自分を責めたり，自己否定したりしてしまうのか。

　どこかで「なりたい自分」ではなく結果を追いかけ，周囲の目を気にしているのであれば，「自己を創る」努力が無意味で虚しく感じられてしまうときがやって来る危険性は高い。そのとき，「自己を創る」努力を続けるのか，辞めてしまうのかは，「結果に左右されないで自分の努力を追いかけられる『価値観，ものの見方・考え方』」と「『なりたい自分』への努力を諦めない『価値観，ものの見方・考え方』」をもとうとする「姿勢と力」によって決まる。追いかけるべきは愚直なほど真摯な「自己を創る」努力であり，その価値を自分だけは正当に評価できなければならない。それができなければ，結局は「自己を創る」ことを諦めることにつながってしまう。

同じ道………………………………………………………………………………

　教師が「自己を創る」ことと，学習者に「自己を創る姿勢と力」を育てることは，同じ道の上の話である。学習者に「自己を創る姿勢と力」を育てるために，三つの要件を手にする「姿勢と力」を教師はもちたい。

　それは，教師である前に一人の人間として存在する自分が，その人生を悔いなく生き抜くために求められることなのである。

注

(1) 文部科学省の定める公立校勤務の教員の勤務時間に関するガイドラインは，時間外勤務の上限の

目安を1カ月あたり45時間，1年間あたり360時間などと設定している。しかし，2022年5月13日，全国の公立小・中学校で働く教員の平均残業時間が1カ月で100時間以上に上ることが名古屋大学の調査でわかったことをマスコミは報道している。（HUFFPOST https://news.yahoo.co.jp/articles/a5e6d56b820710041bab75eaed17513bb291c10f　2022年4月25日確認）

(2)　疲れた身体を引きずるように出勤し，一歩教室に入ると学習者への自分の対応に悩み，事情を抱えた子どもを大事にしたいという気持ちと目の前の決して褒められないその子どもの姿との狭間で，自分が教師として何をどうすればよいのか，考えればよいのかわからなくなっている──このような精神状態の教師が，「自己を創る」ことへの意欲的で前向きな気持ちになることはかなり難しい。

(3)　川崎祥子「教員採用選考試験における競争率の低下──処遇改善による人材確保の必要性」（『立法と調査　No. 417』参議院常任委員会調査室・特別調査室，2019, pp.18-27, https://www.sangiin.go.jp/japanese/annai/chousa/rippou_chousa/backnumber/2019pdf/20191101018.pdf　2022年4月25日確認）は，「学校現場に対する『ブラック』なイメージが広まり，学生が教職を敬遠する傾向にあると考えられる」と述べている。同様に，教員という職業へのブラックなイメージについて取り上げているマスコミは多い。文部科学省は，この状況への問題意識もあって「＃教師のバトン」を進めたが，結果的には「部活動ブラック」「働き方改革ブラック」とともに，「＃教師のバトンブラック」という3ブラックを社会に投げ，波紋を広げてしまっている感がある。

文献

梶田叡一『〈自己〉を育てる──真の主体性の確立』金子書房，1996

夏目漱石『夢十夜』パロル舎，1999, pp.48-49

特集◎自己を創る──自己教育に取り組む姿勢と力を

●

自己を創る授業創り
「過去」の自分と「今」の自分，その成長を実感する学び

●

二瓶　弘行○にへい　ひろゆき

1　自らの「命」を学ぶ

　今日も新聞を広げ，テレビのニュースを見る。ずっと続いているウクライナの情勢報道はもちろんのこと，「今」を知るたびに暗澹とした気持になる。何という時代に私たちは生きているのか。

　人が人の命を奪う。人が自らの命を絶つ。いじめが絶えない。その陰湿さは増している。人の尊厳を奪う行為を，小学生でさえ，平然としている。

　優しい人になって欲しい。だからこそ，そう私の教え子たちに願う。

　自らの「命」の尊さに気づくこと。自らの「命」がかけがえのない唯一のものであり，何よりも大切にしなければならないこと。生きとし生けるものには，全てに「命」があり，自らの「命」を育てるために，その毎日を一生懸命に生きていること。

　以下に紹介するのは，私が小学校１年生の担任として，７才の子どもたちと取り組んだ「自己を創る学び」の実践である。

2　総合単元「二つの『自分』」──自分の成長を認識する

　ある日，1年生の子どもたちに言う。「もう一人の『自分』を作りにいくよ」何のことか分からない彼らはキョトンとした顔をしている。

　大きな全紙大の白ボール紙を見せ，そこに一人の子どもを大の字に横たわらせる。そして，黒い色鉛筆を使って，体に沿って線を引き，枠を描く。その子が起きあがった後には人間の全身像の輪郭が浮かび上がる。

　「これがもう一人の『自分』だよ」

　この輪郭に，顔を書き入れ，色を塗ってあげることを話した後，活動場所を体育室に移して早速，作業開始。

　二人チームになって，てんやわんやの苦闘の末，2時間後，何とかできあがった，もう一人の自分を誇らしげに自分の横に立てた。

　今の7才の「自分」を作った次の時間，今度は，赤ちゃんの「自分」を作ることにする。

　子どもたちは，誕生時の身長と体重を親からメモしてもらっている。

　四つ切りの画用紙を提示し，「これに，赤ちゃんの自分を描くよ」と話すと，彼らは驚く。「こんな小さな紙でいいの？」

　1年生の彼らは，まだ長さを測ることができない。一人一人の身長に合わせて，紙に印を付けてあげる。また，驚く。「こんなに小さいの？」

　彼らは必死に赤ちゃんの「自分」を作る。でも，とても楽しそう。しっかりとパンツをはかせる。あちこちで歓声をあげながら喜々として「自分」を作る。

3　赤ちゃんの「自分」と今

　次の活動に移る。「赤ちゃんの『自分』をダッコしてみよう！」

　まず，今の自分の体重を実感させるために，同じくらいの体格の仲間をダッコしてみる。これがなかなか重い。秋頃の1年生は重くて持ち上げるのに苦労

する。ヒーヒー言いながら，互いに抱え合う。

　いよいよ赤ちゃんの「自分」をダッコする活動に入る。

　子どもたちに，家から2リットルのペットボトルを2本ずつ用意させる。事前の調査では，4キログラムを超える子はいない。それならば2本で十分である。ここに水を入れて，赤ちゃんの時の体重を再現する。

　一人一人の体重をチェックして，ペットボトルに印を付けてあげる。子どもたちは，そこの印まで慎重に水道の水を入れる。

　そして，2本のペットボトルをダッコする。3キロを超えると結構重い。「こんなに重かったの〜」と驚く子もいるし，前に仲間を抱えたときと比較して，その軽さを話す子もいる。

　今は小さい子が赤ちゃんの時は一番重くて，つい笑ってしまった。

　教室に戻り，子どもたちにたずねる。

　赤ちゃんの時の体重はペットボトル2本分だよね。じゃあ，今のみんなの体重はペットボトル何本分だと思う？

　彼らは見当もつかない。まず水を入れた2本をテーブルの上に乗せる。これが，赤ちゃんの時の体重。さらにもう1本。そして，どんどん増やす。そうやって，15本を並べた。

　「これが，みんなの今の体重です」

　子どもたちは，驚きの声をあげる。信じられないという表情でテーブルの上のペットボトルを見つめる。

4　親への手紙「二つの『自分』」

　この単元を通して，誕生時の自分と今の自分を比較することにより，その確かな成長を実感させようと考えた。言葉で「みんなは，この7年間でこんなに大きくなったんだよ」と説明することはできる。けれども，実感は体験するこ

とで得られる。

　大きな白ボール紙で自分を作ったり，赤ちゃんの自分を作ったりする活動を
通してこそ，その違いに驚く。7才の仲間をダッコした後，赤ちゃんの自分と
同じ重さのペットボトルをダッコしてみて，自分の成長ぶりに驚く。

　体を使った体験によってこそ，自分は一日一日成長してきたという事実に気
づく。そして，今，この時も生き続けているという事実に気づく。そして，隣
に座っている仲間もまた同じように，今を生き続けている人であるという認識
につながる。

　人としての優しさは，自分の命，自分が生きていることを愛おしく思うこと
によって，そして，周りの多くの人が生きていることを大切に思うことによっ
て育まれる。

　子どもたちは，活動を終えた後，国語の時間を使って，自分の親に向けて「手
紙」を書いた。体験によって得た，7才の精一杯のメッセージ。

　　わたしって，どうしてこんなに大きくなったんだろう。あかちゃんのと
きなんてペットボトル二つであかちゃんのおもさだ。
　　いまのわたしは，ペットボトル15本ぐらいあるんだ。
　　もっともっともっと大きくなりたい。おとなになったら，ペットボトル
なんこかなあ。
　　うまれたときって，すごおくすごく，かるいなあ。ふしぎだなあ。ふし
ぎだなあ。アサガオのたねやトンボのヤゴとおんなじだ。
　　ありがとう，おとうさん，おかあさん。それから，ほいくえんのせんせ
いと，にへいちゃん。これからも，よろしくね。

5　我が子への手紙「命のメッセージ」

　子どもたちは，誕生時と今の自分との体重・身長を比較し，その成長を確か

めた。そして親へ向けて「手紙」を書いた。「お母さん，ありがとう」と。

　1年生の子どもたち。この世に生を受けて7年。

　彼らは毎日，教室にやってきて40人の仲間たちと一緒に一日を過ごす。当たり前だが，彼らにはそれぞれの家庭がある。彼らを支えている親がいる。子どもたちは，それを知らない。

　自分の「命」が，どのような親の思いでこの世に誕生したものなのか。

　自分の「生」に，どのような親の思いが込められているのか。

　彼らに，その親の思いを伝えたい。

　自分という存在の重さ。そして，仲間たち一人一人の存在の重さ。決して，粗末にしていい存在でないこと。自分を大切にすること。仲間を，生きている人全てを大切にすること。

　親たちに，我が子の誕生における親の思い，この7年間の成長の様々なエピソードを綴ってくれるように頼んだ。

　私の手元に親たちが書いた「命のメッセージ」がある。何度読み返したか分からない。読むたびに涙がこぼれた。

　この世の中にようこそ。

　お父さんもお母さんも，おじいちゃんもおばあちゃんも，あなたの誕生をずっと待っていました。逆子だったあなたが，生まれてくる直前に，おなかの中でくるりと自分で回ったとき，お母さんは，子どもには生まれてくる力と意志があるんだと悟りました。

　赤ちゃんにおっぱいをあげる。忘れられない幸せの瞬間でした。子育ては喜びとともに，ずっとひかりの中の記憶です。宝物のように大切ということ。あなたを育てることで，お母さんの心も成長することができました。

　去年の三月，お母さんの友だちが亡くなりました。四歳の女の子を残して。

　お母さんは電話をもらうまで，彼女の元気な様子しか思い浮かばず，お通夜に行って黒枠の写真を見るまで信じられませんでした。友だちに心配をかけたくない，元気な姿で会いたいという強い希望があったそうです。お互い

に子どもができて忙しくて，年賀状の家族で笑っている写真を見て，「ああ元気なんだ。たくましいお母さんになっているね。今年こそ，来年こそ会おうね」って言っていたのに。もうずっとずっと会えないんだね。先日，喪中の葉書をご主人からもらって，本当にいなくなってしまったんだと思い，自転車で買い物に行っているとき，空を見あげて涙が止まりませんでした。

　お葬式の時，見かけた小さな女の子に話してあげたい。あなたのお母さんは素晴らしかったんだよ。明るくてバイタリティがあって，歌が好きで，スポーツも好きで，アメリカに留学するときも日本語を話さないよう留学生が一人もいないアリゾナ州を選んだこと。そして何よりも一生懸命前向きに生きたこと。

　今，あなたにお弁当を作ったり，洗濯をしたり，料理を一緒に作ったり，お母さんとしてできること，感謝しています。どんなにか彼女は心残りであったことでしょう。空の上から見守ることはできても，去年の服を見て小さくなったねと一緒に買いに行くこともできないのです。どんなにか生きたいと願ったことか。でも，神様は四歳の女の子に母のいない人生をお選びになりました。あなたが笑ったり，泣いたり，お母さんと言って抱きついてくる。彼女とその子のことがだぶります。

　二年前の冬，お母さんと幼なじみのＡちゃんが空に旅立ちました。三歳の女の子を残して。どんな思いで空から見てますか。

　二人とも命がけで生んで，できうる限りのことをして旅立っていった。

　今，生きて子どもの世話をできる幸せに感謝せずにはいられません。

　たくさんの人の手に支えられて，人は生きていく。怒ったり，笑ったり，生きているからできること。

　今，お父さん，お母さん，おじいちゃん，おばあちゃんと笑え合える幸せを当たり前と思わないで。生きている，いつもそのことに感謝して。生きたい，それだけを願って空に旅立っていった人たちのこと，忘れないで。

　生まれてきてくれて，ありがとう。たくさんの喜びと，学びの機会をありがとう。

これからも，あなたの大好きな森の学校で，お友達から，先生から，そしてあなた自身から生きている幸せを学んでいってください。

あなたは，覚えているでしょうか。お母さんのお腹の中にあなたの妹がいたときのこと。

その日の夜，あなたは「じゃあ，また明日ね。大好きだよ。」と言って，神戸のおばあちゃまとの電話を切りました。

次の日の朝，何故か早くに目が覚めて，お父さんとテレビをつけ，頭が真っ白になりました。阪神大震災です。テレビの中のお母さんの育った街が崩れています。あなたの大好きなおばあちゃまの住む街です。

何度電話をかけてもつながらず，「おじいちゃまは，おばあちゃまは，みんなはどうしたんだろう。」と，心も体もふるえて，どうすればよいのか分かりませんでした。

午前十一時半，電話がやっとおじいちゃまとつながりました。お母さんは夢中でみんなのことを聞きました。おばあちゃまも，下のおじちゃまも元気でした。家は全壊です。ガラスは割れ，階段は落ち，もう住めません。

お母さんのお兄さんと，そのお嫁さんのお義姉さんは，その時，生き埋めになっていました。つぶれた家が多すぎて自衛隊の人も間に合わないのです。

次の日，お母さんは，朝早く，あなたとお兄さんをお友達に預け，お父さんと二人で大阪に行きました。電車を乗り継いで何とか西宮北口まで着きました。

あっちの家，こっちの家，瓦礫の山です。静かで住みよかった街が…。胸がドキドキしました。お腹の中の赤ちゃんも頑張っています。

まさか来るとは思わなかったのでしょう。おじいちゃまも，おばあちゃまも，おじちゃまも，お母さんもお父さんもみんなで泣きました。おばあちゃまは，もう眠れなくなっていました。その時，お母さんは来てよかったと思いました。

下のおじちゃまが「助けて下さい。まだ瓦礫の中で，兄と義姉が生きています。」と自衛隊の人たちを呼んで，必死に掘り出しました。瓦礫の中から，

片足は動かなかったけれど，生きているおじちゃまと，即死だったお義姉さんが出てきました。棺の数が間に合わず，お義姉さんは小学校の体育館に数日間ねかされていました。

　お母さんは泣きませんでした。泣いたらみんなが崩れてしまうのが分かっていたから，精一杯明るくしました。

　お義姉さんのお腹の中には，あなたの妹と同じ頃に生まれてくるはずの赤ちゃんがいました。親になる日を楽しみにしていたはずのお義姉さん，お日様の明るさを，外の世界を知らずになくなった赤ちゃん，誰が悪いわけではなく，命は消えてゆくのです。

　その時，お母さんは心に決めました。あなたたち子どもを，この赤ちゃんの分も精一杯育てよう，他人任せにしないで，お母さんの手と心と言葉で，あたたかい心の，人の心の痛み，命の大切さを分かる子たちに育てようと。

　毎日毎日，生きていられることの方が不思議なのかもしれません。本当に二瓶先生に会えて良かったね。命の大切さをよくよく教えていただきなさい。

　どうか，あなたやクラスの子どもたちが，自分のことも人のことも大切にできる子に育ちますように。

6　親への返信「ありがとう」

　クラス全員の親が，一生懸命に書いてくれた。

　「拙い文章で恥ずかしいのですが，何を書こうか考えたおかげで，娘の幼い頃を思い出しました」と，お母さん。

　「このテーマを機に，家族で幼い頃のビデオを皆で大笑いしながら何本も観てしまいました」と，お父さん。

　このメッセージをどう一年生の子どもたちに伝えるか，ずいぶんと迷った。

　親たちには，文体・語彙などを考慮せずに我が子への願いを自由に綴って欲しいと頼んだ。そうでなければ，「子への思い」は表現できない。

　だから，7才の子どもたちには，その文意は恐らくほとんど通じないだろう。

そもそも漢字すら読めない。けれど，親の「思い」はきっと伝わる。そう考えたとき，メッセージをそのまま彼らにぶつけることを決めた。

　子どもたちは，びっしりと細かい字で書かれた，自分の親の「命のメッセージ」を真剣な面持ちで読んだ。そして，鉛筆を持って，親への返信を書いた。

おかあさんへ

おかあさん，おてがみありがとう。

生まれる前から，かみさまにおねがいをしてくれていたんだね。

ようちえんのときは，ないたりおこったりしていたんだね。よくわかったよ。

じぶんでも，けんこうでうまれてよかったよ。にへいちゃんのクラスになっててよかったよ。

おかあさんが，まいにち，だいじにそだててくれたからだよ。生まれてからよかったことをおもいだしてみたら，たくさんあったよ。

一日一日がたのしくてたまらないよ。でも，もっともっとたのしいことでいっぱいにしたいよ。

特集◎自己を創る──自己教育に取り組む姿勢と力を

●

読書と自己創り

●

湯峯　裕○ゆみね　ひろし

はじめに

　自己とは何か。それがどのように創られるのか。そんなことを考えると自己はとらえどころのないものとしてどんどん霞んでいく。自己を磨く。よく聞かれる言葉であるが何を磨くのだろうか。どこにどんな形で自己があってそれをどう磨くのだろうか。自己と向き合うという言葉もよく言われる。どのように向き合うのか。とらえどころがない。だが，あることはある。確かにある。「般若心経」で「色即是空」と同時に「空即是色」というのはそのことである。レヴィナスは存在することの困難さとしてフランス語の非人称主語の存在を表すイリヤ（il y a）をあげるが（レヴィナス著 熊野訳，2006），彼はその先に自己の存在を追求し続けた。自己を実感しているからこそ生きている実感があるといえる。そこで，自己を浮かび上がらせるものとして，他者，眼差し，言語ということについて考える。その上で，それらと読書の関係を考えて，読書と自己創りについて考える。

1 自己を創る「鏡」

　生まれたばかりの赤ん坊は自分を持たない。母親等が関わることで，その母親が働きかける先にあるものとしての自分をやがて感じるようになるが，それでもそれを自己とはまだ言えない。その働きかけられたのを相手に返し，視覚的あるいは聴覚的・触覚的な交互作用から自分なるものを形成していく。その交互作用がやがてはっきりとした視覚つまり眼差しとなり，それに遅れて言語となっていく。その眼差しや言語の向こうにあるのが他者であり，他者からの眼差しと言葉かけを受けるのが自分である。そして自分からと他者からとの眼差しと言葉かけの交互によって自己を創り上げていく。この他者からの眼差しと言葉かけを象徴的に表すのが鏡である。実際の鏡に映る姿をそれと分かるようになることで自分であることを認識するのだが，他者からの眼差しと言葉かけは自分を写している鏡であり，それによって自分が存在する。

　言語を獲得し始める頃，一語あるいは二語で発話する頃では自分の世界はまだできていない。言語を使って他者と会話ができるようになる頃に自分ができ始める。他者があってこそ自分がある。他者の存在が自分を写す鏡となるのである。その他者との間にあるのが言語である。自分と他者との対比によって他者の世界と自分の世界との交流が始まる。

　言語は自分と他者との間の世界にある。それを「言語ゲーム」と表現したヴィトゲンシュタインの例（ヴィトゲンシュタイン著 丘沢訳，2013，pp.21-22）から考えると，例えば「金槌！」と大工の師匠が言った時，金槌が何ものでありどんな時にどんなふうに使われるのかが二人の関係の中で了解されている弟子は，師匠に金槌を取って渡す。大工の仕事に興味があってそばで眺めているだけの子どもにはそれはできない。じっと金槌を眺めているだけである。師匠と弟子との間の世界に両者の了解のもとに「金槌！」が存在できる。

　二人の間に言語が存在することで，二人の関係から言語を発する自分ができてくる。ただ，この金槌もこれだけなら師匠と弟子の二人の間に限定的にある

具体的な名を持つものに過ぎない。これが大工なるものの師匠なるものと弟子なるものとの間にある金槌なるものと一般化するためには，場面の抽象化が必要になる。具体的な経験だけではそこまでできない。ここに抽象的な世界観の獲得という意味での読書の必要性が出てくる。読書は読んで新たな知識を獲得するだけではない。言語の抽象性を高める作用がある。これが語彙力を高めるということである。具体的な他者との対話に代わるものが読書による登場人物や作者との対話である。抽象性を一段と高めたところにある鏡として読書の働きがある。

2　世界の意味の形成と自己

　言語は自分の周りにある世界を創っていく。人は，視覚や聴覚・触覚等から入ってくる周りの刺激に，それが持つ意味を重ねていくことで，自分を取り巻く世界を創り上げていく。いま筆者のいる部屋の目の前には幸福の木がある。それはただの物体としてあるだけで意味を持たなければ，筆者の視界を遮っているものに過ぎない。幸福の木という名を筆者が当てはめることによって意味が浮かび上がってくる。さらに筆者の私的世界も重なってくる。この木は25年ほど前に筆者が買って乗用車の後ろの席に積んで帰ってきたものだが，今はもう部屋から出せないくらい天井につかえるほどに大きくなっている。その頃娘はまだ自分という語を使えないほどだったのに，今や独り暮らしをして働いている。さらに以下のような意味まで重なってくる。10年ほど前，買ってきてから15年ほど後になるが，初めて白く香りの良い花をつけた。私が精神的にかなり苦しんでいる時であって，その色と香りがつらい心を慰めてくれた。そして，その時に私を支えてくれた人の姿に花の姿が重なる。それから10年の間にあと２回咲いているといった物語もだ。それがあってこの木の周りの世界がある。その世界の中に自分がいる。筆者にとっての目の前にある幸福の木だけでなく，その世界の一部は娘との間に，また別の一部は苦しさから助けてくれた人との間にある幸福の木でもある。

　人と人との間にある物体は，その客観的な色や形だけでなく物語を持っている。人が誰かと同じものを見ていても，それが持つ物語はそれを見る人によってそれぞれ違っている。それがその人の世界を創り出す。対象を見ている時，そこに形だけを見ているのではなく，その対象の物語である意味も見ている。意味を見ているから世界が形成されて，世界の中にいる自分が浮かび上がってくる。それができるようになる前に，子どもが言語を獲得するまでに，子どもが誰か身近な安心できる年長の者と同じものを見て同じ世界を形成する過程を経験する必要がある。具体的な身近な他者から世界を形成することを学び，やがてそれをより広い具体的な他者からさらに抽象的な他者に広げていく。それを経て人は自分の世界を形成するようになり，自己を形成していく。自分を取り巻く周りの人々の言語の刺激を受けて言語を獲得していき，合わせて様々な体験から意味の世界を形成していく。その二つが重なって意味が言語化されていく。

　言語の獲得と意味の世界の形成によって自己は創られる。ただ，意味の世界の獲得と言語の獲得は同時進行ではないところに面白さがある。具体的な体験によって身近な他者から意味の世界の形成を促されるのであるが，それが音声による言語の世界の獲得と常に重なっているとは限らない。犬のように歩くものは全てワンワンであったのが，やがてワンワンの世界が限定されていくように，異なる他者との交わりによって言語の世界と意味の世界が重なるようになっていく。幼児は大人が思いもよらない言語表現をするのであるが，それを修正していく過程もその子にとっての世界の形成となっていく。母親や父親などの身近な具体的な他者からの働きかけがあり，やがて年齢が上がって行動の範囲が広がるにつれてその具体的な他者の範囲が広がっていく。その広がりとともに具体性が抽象化されていく。意味の世界の中に自分を置くことで，世界の中にある自分を認識するようになり，それが視点の大変革となって自己が形成されていく。

　このような過程で自己が創りだされていくのであるが，そこにはもう一つ必要なものがある。眼差しである。

3　自己を創る眼差し

　自己とは自分自身とそれを見ているもう一人の自分がいることで形成される。自分を見つめるもう一人の自分の眼差し。それを形成する契機となるのが，眼差しの交互作用である。母親と一緒に同じものを見ていた子が，ワンワンだねと母親を見ることと母親がワンワンよねと子どもを見ることが合わさって子どもは自分を見る視点を獲得する。自分が母親に眼差しを向けると同時に母親が自分に眼差しを向け自分がそれを受けるという交互作用。これが自己を創る鍵となる。

　筆者が授業をしている時，自分の話を正しく受け止めてくれているかどうかを常に気にかけながら語りかけている。語りはどう伝わっているのかを常に点検する必要がある。伝え合うということは相手に正しく伝わる表現の交互作用である。表現する自分の視点からの点検ではなく，受け止めてくれる相手の視点からの点検も必要である。授業でその手がかりを示してくれるのは聞いている彼らの眼差しである。コロナ禍により2020年からはリモートの授業が多くなった。100人や200人あるいはそれ以上といった多人数の授業でも，提出されるレポートの点検によって確実に伝達の程度が確認できるという利点がある。だが根本的な問題点は，彼らからの眼差しがないこと，すなわち彼らの直の反応が見られないことである。対面の授業では彼らの反応を見ながら授業の進め方を変更していく。彼らの反応を見て適時確認を入れこちらの語りを修正する。それを促すのがこちらに向いている彼らの眼差しである。その眼差しによって彼らの意識に映るこちら（授業者）の姿を描いている。この構図が自己を創る構図である。

　舞台に上がった役者は観客の眼差しから自分の姿を点検する。世阿弥が「見所より見る所の風姿は，我が離見なり。しかれば，我が眼の見る所は，我見なり。離見の見にはあらず。」（世阿弥 奥田ら校注・訳，2001，pp.301-302）と演者の心得として「離見の見」を説いたのと同じ構図である。客席からの客

観的な視点（離見）を経ずに自分の視点（我見）だけで反省しても，それは正しい観察とはいえない。このように他者の視点を獲得してこそ自己の認識の眼差しを得られるのである。

　また，他者の眼差しは自分を守ってくれる温もりでもある。見つめられてあることに人は喜びを見出す。初め母親から遠く離れられなかった幼児は，やがて母親の姿が見えないところに行って遊ぶことができるようになる。母親の眼差しを具体的に感じていなければならなかったのが，その安心感を母親が見えないところでも意識の中に置けるようになっていったからである。それとは逆に他者の眼差しは問い詰めでもある。自分が存在するということを問い続けたレヴィナスは，「倫理的関係によって〈私〉は問いただされる。このような問いただしは他者から開始されるのである。」（レヴィナス著 熊野訳，2006，p.33）とした。他者と私が対立でなく共にあることを彼は「倫理」として，他者が私の前にあることで私の存在が認められ，その主導権は他者にあり（他者から開始される），他者の眼差しを受け止めることで私があると考えた。そんな他者の存在を「顔」と表現している。幼児の頃の母親の温かい顔だけでなく多種多様の顔すなわち眼差しと向き合うことで，自己が形成されていく。

4　他者，眼差し，言語，そして読書

　これまで見てきたように，まずは身近な安心できる他者から始まって，意味の世界と言語の世界とが形成されていく。その他者と同じ方向を向いて世界を見ることから互いの視線を向け合いながら世界を見るような段階に進んで自己を形成する構図を身につけていく。眼差しを受けることを自身の中に持つことが大きな鍵を握っている。

　他者との関わりの中でできてくる自分。初めは周りの他者の中に並列してある「○○ちゃん」だが，他者からこちらに向かう眼差しや言葉掛けとこちらから他者に向かう眼差しや言葉掛けの相互の関係を認識することで他者とは違う自分ができあがってくる。幼児にとって，「○○ちゃん（いる）」や「○○ちゃ

んの（もの）」という世界観から，「○○ちゃんは」を経て「私は」の段階へいくことは世界観の大きな転換である。それを促していくのが周りの他者の言葉掛けであり，眼差しである。取り巻く数々の物の意味を獲得するのは，まずは周りの大人あるいは年長者からであり，やがて関わる人々の範囲が広がっていって自分を取り巻く世界の意味を広げていく。初めは身の回りの限られた世界の中の他者であり，限られた世界であるのが，そこから一般化された他者から見られる自分を認識することで自己という意識を深化していく。だが，具体的な他者から演繹された一般的な他者では身近な他者による価値観から離れられない。価値観の具体性の縛りはいつまでも続いている。確かに，学校に入り，小学校よりも中学校，高等学校と年齢が上がるにつれて，それまでの価値観では測りきれない思いがけない出会いがあり，価値観の転換に遭遇することもあるが，それは偶然であり機会は限られている。その価値観の転換の出会いを豊富に用意しているのが読書の世界なのである。

5　自己を創る読書

　幼児の絵本の読み聞かせの初めは，それをする母親などと同じ方向を向いて同じ世界を向いている状態から始まる。やがて，母親と幼児の視線が交わることで幼児を取り巻く世界が形成されていく。そして，本の世界に自分を同化させるようになる。みんなが絵本の主人公になり，恐ろしい場面では主人公と同じような思いになって恐ろしい声をあげる。小学校になっても初めは同じだが，抽象化ができるようになると物語の解釈ができるようになる。物語の世界を読み解いて自分の世界と比べられるようになるのであり，読書による自己創りの始まりとなる。例えば，1年生の「おおきなかぶ」では，本の登場人物と一緒になって力を込めてかぶを引く。言語については，リズム感のある言葉を楽しむ一方で言葉によって物の区別をすることを学ぶ。3年生になると説明的な文章で語や知識を獲得することで自分の世界を創る材料を蓄えていくとともに，文学的文章では物語の構造を読み取るようになってくる。例えば「モチモチの

木」では指導計画例の主な学習活動に「『豆太』と『じさま』の人物像について，語り手や他の登場人物の視点で書かれているところに着目して読む。」（光村図書出版，2020）と書かれているようにである。「豆太」や「じさま」を全体の展開の中に構造化して読み取る力がつくことによって自分を対象化できるようになっていく。登場人物への眼差しが自分自身に向いていく。この間，小学校では先生やクラスメイト等との学校での関係が重要な具体的な他者となって，それらとの交流と本を読むこととが総合されてやがて自己が創られていく。そんな意味で，小学校のこの時期あたりから自分で読書することの習慣を身につけることが大変大事なこととなる。具体的な人間関係から一般的・抽象的な他者との関係を築けるようになることで，自己との向き合いができるようになっていくのである。

　今から思うと，筆者の場合は自己と向き合う眼差しを持った読書がなかなかできていなくて，いつまでも主人公と一緒に一喜一憂していた。中学生になって，読書好きの友人と図書室に行くようになったこともあって読書量が増えていったが，授業で先生が紹介した本や教科書の関連に留まっていた。ヘッセの『車輪の下』や太宰治『走れメロス』，その他に詩も読み始めた。やがて，文学史での中学の先生の話が面白くてそこから読書が広がっていく。それでもまだまだ筋を追うだけの読書であったのだが，それを大きく変えたのが，演劇部の友人の公演を体育館で見てからだ。登場人物二人の対話だけで進んでいく劇であった。二人の言葉のやり取りのリズムに見入っていくうちに，友人の視線の先の変化に気がついた。友人は言葉を発するのではなく，言葉を投げかけていた。それが劇の世界を広いものにしている。当時はこのように言語化できてはいなかったのだが，その光景は今でもはっきりと覚えている。筆者の読書の世界が広がっていったのは，それに気が付いて以来である。舞台では演じる者の動作だけでなく視線が観客をとらえる。別の経験だが，ある時の名人の所作に驚いたことがある。目の前に土筆が一面に生えているのに気が付いた場面で，所作と同時に視線を動かす。それを見た時，筆者の視線の先には実際の土筆が一面に広がって見えた。驚きであった。

　読書でも，登場人物の視線と作者の視線を読み取ることで本の世界が立体的に広がってくる。もう1つ筆者の読書を大きく変えたきっかけとなったのは高等学校での体験である。交友関係が変わり会話も変わる。大きな変化の中で知らない世界が広がり，その理解を会話と読書に求めた。急激な変化は友人の手紙からである。そこから向かってくる鋭い眼差しに圧倒された。その鋭さを理解しようとしてまず読んだのがドストエフスキー。本の分厚さも気にならなかった。これまでに自分が意味づけてきた世界がどんどん塗り替えられていく。新しい言語の獲得とともに言語がこれまで持っていた意味が変化していく体験である。変化した言語で周りの世界を新しく意味付けていく。その中に自分がいる。その変化を見ているもう一人の自分がいて新鮮な自己が創り出されていく経験である。幼い時のようにジュリアン・ソレル（スタンダール『赤と黒』）になりきってしまったこともあったが，いわゆる難しい本にも手を出すようになり，高校の倫理の授業でデューイを読めたことはうれしかった。大学に入り「マロニエの根は，ちょうど私の腰掛けていたベンチの真下の大地に深くつき刺さっていた。それが根であるということが，私にはもう思いだせなかった。ことばは消え失せ，ことばとともに事物の意味もその使用法も，また事物の上に人が記した弱い符号もみな消え去った」（サルトル著 白井訳，1951，p.146）という視線に出会った時には，意味の世界の激変をサルトルが語ってくれていることの驚きがあった。自分の眼差しの先にあるこれまでの意味の世界が崩壊して消失していく孤独をサルトルは語っている。その時，振り返って眼差しが自分の中に向かった時，そこにいたのは巨大な一匹の虫である。「ある朝，グレゴール・ザムザがなにか気がかりな夢から目をさますと，自分が寝床の中で一匹の巨大な虫に変わっているのを発見した」（カフカ著 高橋訳，1952，p.5）。高校の時に読んだ一節が違った響きで蘇る。自己を創る読書は喜びでもあり苦しみでもある。

6 まとめ

　読書によって新しい言語を獲得して自分を取り巻く世界を眺めていくと，世界が新しい意味を持つようになっていく。ただ，新しい言語に出会ってもそれが自分のそれまで持っている世界と全く関わりがないものだったら，それは何の意味も表さない。これまでの自分の世界と本の世界との重なりのところに意味が浮かび上がってくる。言語をそのように獲得することは，具体的な他者とのやり取りの体験から積み上がってきてできるようになってくる。言語を使えるとは，その言語を発する相手の立場に立って言語の意味を理解できることであり，自分と相手との共通の言語空間で相手の立場すなわち相手の視点からの言語の理解が必要なのである。言語は眼差しを持っている。相手のその眼差しを受け止めて理解し，その理解から自分の眼差しを返すことで言語が自分のものとなる。他者と眼差しとそして言語。これらが自分を取り巻く世界に意味を生み出し，その中にある自分に向ける眼差しを獲得することで自己が創られる。国語の授業でも読書の勧めでも，これまで対象として自分からの眼差しでとらえることだけを指導してこなかっただろうか。他者からの眼差しを受け止めること。本の世界，作者の世界からの眼差しを受け止めることから始まる読書。その点をもっと意識した読書の勧めをしていきたい。それは決して難しいことではない。作者や登場人物の心情や考えをとらえることで留まらないで，それに対してあなたはどう考えますか，どう応えますか，という問いかけを教師が常に行って，作品からくる眼差しと教師からくる眼差しを受け止めそして応えを返すことを子どもたちに求め続けること。そんなことであると考える。

参考文献

カフカ著，高橋義孝訳『変身』新潮社，1952

レヴィナス著，熊野純彦訳『全体性と無限』（下）岩波書店，2006

光村図書出版　小学校国語年間指導計画 評価計画資料 3 年年間指導計画例，2020

https://www.mitsumura-tosho.co.jp/kyokasho/s_kokugo/keikaku/02s_k_nenkei3_03.pdf（2022年 5
月18日閲覧）

サルトル著，白井浩司訳『サルトル全集第6巻 嘔吐（改訂版）』人文書院，1951

ルートヴィヒ・ヴィトゲンシュタイン著，丘沢静也訳『哲学探究』岩波書店，2013

世阿弥「花鏡」奥田勲・表章・堀切実・復本一郎校注・訳『新編 日本古典文学全集88 連歌論集　能
楽論集 俳論集』小学館，2001

特集◎自己を創る──自己教育に取り組む姿勢と力を

●

スポーツと自己創り

●

杉浦　健○すぎうら　たけし

はじめに

　スポーツによる自己創りを考えるにあたって，学校における部活動の役割は無視できないものだろう。近年，教員の働き方改革が叫ばれるようになり，その本丸の一つであろう部活動だが，なかなか学校から切り離すことができていない。部活動はなぜこれほど重視されているのだろうか。この答えはとても簡単であり，部活動に無視できない教育的役割があったからである。ではどんな役割だろうか。それは子どもが成長するということであり，本論のテーマである自己創り，自己の成長を助ける役割があったからである。荒れた学校を立て直す際にまず部活動から立て直して，前向きな心を持たそうという例もしばしば聞かれた。

　それでは部活動，しいてはスポーツはなぜ人の成長を助けるのだろうか。それはどのように「自己創り」とつながっていくのだろうか。そしてそのために指導者は何をすべきだろうか。

　そして今後，部活動については多かれ少なかれ地域の活動へと移行していくことだろう。その際これまでの部活動の良さをどう残しつつ，移行していくべ

きだろうか。本論でそのヒントを提供できたらと考えている。

スポーツ選手の自己語り

　筆者の所属は大学の教職課程の部署（教職教育部）であるが，学内の兼担として経営学部で「スポーツコミュニケーション論」という授業を担当し，スポーツマネジメント学科を中心とした学生たちを教えている。この授業の学生たちの多くは長くスポーツに取り組み，現在でも大学のクラブに所属し，オリンピックを目指しているような競技レベルの高い学生もいる。

　この授業は，スポーツに関わる様々なコミュニケーション能力を向上させる目的を果たすために行われている。そこで行われる課題の一つに，学生たちが将来的に指導者になることも見すえて，自己のスポーツ経験を振り返り，その経験をふまえて自己の思いや考え方を伝えられるようになることを目指して行う「ようこそ先輩」というプレゼンテーションがある。

　この「ようこそ先輩」課題では，出身の高校やクラブに帰った際に，監督や顧問の先生から大学に行っている先輩として現役の後輩たちに話をしてほしいとお願いされ，高校での競技への取り組み方や試合に向けた心構え，大学の選び方，大学での競技生活で大切なことなどを自己の経験をもとに伝えるという場面を作って，高校生役と先輩役を順番にこなしてロールプレイを行っている。正直初めてこの課題をしたときには，うまくやれるのかどうかかなり心配で，なかば見切り発車で行ったのだが，どうしてどうして学生たちは自らの成功経験や失敗経験，コーチや監督に言われた言葉や自分が大きく変わった転機などのエピソードを通して，高校生役の他の学生たちに非常に説得力のある話を伝えることができていた。

スポーツ選手の語る力

　かつてはスポーツばかりやっていて，勉強に取り組まない者のことを，身体

を動かすばかりで何も考えていないという意味で，スポーツバカとかスポーツ脳とか揶揄して呼ぶ者もいたが，実際のところ，スポーツ選手と接したり，話を聞いたりしていると，そのような指摘はまったく的外れであることがすぐにわかる。スポーツ選手は実は，言葉を使う力，語る力が非常に優れている。もちろん，あえて語らない選手もいるが，そういう選手であっても，引退してからはしばしば非常に能弁であり，含蓄のある言葉を駆使して深い思考に基づいた説得力のある話をできることが多い。

　かつて筆者はスポーツ選手の転機を調べた研究を行ったことがある（杉浦，2001）。この研究では，大学のスポーツ選手にこれまでの競技歴，つまりはスポーツ選手としてのライフヒストリーを語ってもらい，そこに現れる語りの特徴を明らかにしようとした。そこで共通して見られたのは，筆者が「自己転換の語り」と名付けた，転機の出来事——しばしばそれは挫折とそれを乗り越えた経験だったのだが——の前後で自己が大きく変わった，多くの場合，マイナスの状態からプラスの状態へと変わったという語りであった。簡単に言えば，スポーツ選手は挫折の経験を経て，自己が大きく成長した，改めてモチベーションが向上したと語ることが多かったのである。

　何よりも印象的だったのは，それらの語りに感じられた説得力であった。なるほど，さもありなん，そういう理由で，それは確かに変わるだろうなと思わせられた。そして，そうやって彼らが経験をもとに自らが成長した理由を自らの言葉で説得力を持って語れること自体に意味があると思えた。今でも印象に残っている例を先述の論文から一つ挙げよう。ラグビーをしていた学生である。

　　高校の全国大会の準々決勝のときの話なんですけど，相手はそん時優勝したチームなんですけど，僕やっぱりその時怪我してて全力で走れない状態で試合に挑んだんですけど。そん時，不思議なことにトライしたんですよ，全力で走れないのに。
　　ラグビーってのは相手がピンチになったらキッカーが外へ蹴り出すんですよ。その時にこちらのチームはプレッシャーかけに行くんですよ，その

時にプレッシャーかけた人の手にボールがパーンて当たったんですよ。僕も一緒にプレッシャーかけてたんですけど，僕全力で走れない状態だから遅れてしまうじゃないですか。遅れたところにパーンって当たったボールが僕の所にコロコロコロって転がってきて，それでトライしたんですよ。それで思ったんですけど，あの時怪我してなくて，全力で走れてたら絶対トライできなかった。あれは不思議なこともあるもんだなと。

　普通にプレイしてたらトライできてないし。どんな時でもチャンスはあるみたいな。そん時の試合に挑むときに，やっぱり神頼みみたいなのするじゃないですか。

　お願いやから今日の試合はちょっとでもいいから全力で走らせてくれとか。神頼みもして。僕はトップで走れたと思ってるんですよ，ボールを追いかけた瞬間だけ。実際はそうじゃないと思うんですけど僕自身は全力で走れたと思ってるんですよ。やっぱ願いは届くんかなって。やっぱりやっただけ願いは適うと，思ってます。

リデンプティブ・セルフと生成継承性

　スポーツ選手の自己創りを考えるにあたって，無視できないのが，ナラティブ・セルフ，もしくはナラティブ・アイデンティティという考え方である。ナラティブとは，「語りの」，もしくは「物語の」という意味で，ナラティブ・セルフ，ナラティブ・アイデンティティとは，その人が語る自己についての物語が自己そのものであり，アイデンティティであるという考え方である。

　生涯発達を研究する心理学者のマクアダムス（McAdams, 2005）は，生涯発達とナラティブ・アイデンティティとの関係を調べ，エリクソンが成人期の発達課題として提唱した「生成継承性（generativity）」，すなわち次世代に何かを生み出し，引き継いでいく動機を強く持つ者は，そうでない者に比べて，特徴的な語りによって自己を語ることを明らかにしている。

　マクアダムスによると，生成継承性の高い者は，彼らの語るライフストーリー

の中で，たとえ悪い出来事やネガティブな感情であったとしても，それが転換して良い出来事やポジティブな感情につながった重要な場面を明確にする特徴があったという。

　マクアダムスはこのような特徴的な語りによって語られる自己のことを「リデンプティブ・セルフ」と表現した。リデンプティブとは，もともとは「宗教的な救済」を意味するリデンプション（redemption）の形容詞である。家島（2012）によると，リデンプティブ・セルフは，ネガティブな体験・出来事を受け止め，それを乗り越えて後世のためにポジティブな未来を志向しようとする自己，ネガティブを乗り越えてポジティブを目指す自己であり，どんなネガティブな経験・出来事もポジティブな未来につなげることができるといった救いの物語で語られた自己であるという。

スポーツ経験から語られるリデンプティブ・セルフ

　かつて筆者が転機について語ってもらったスポーツ選手にしても，「ようこそ先輩」でロールプレイをした学生たちにしても，まさにこのリデンプティブ・セルフとして特徴づけられる語りで自己のスポーツ経験を語っていた。例えば，先ほどのラグビーをしていた学生も度重なる怪我で悩まされながらも，やる気を失わずラグビーに取り組んでいた。また他にもなかなか勝てずにやる気をなくしてしまった経験を経て，進学した先でしんどいながらも練習に取り組むことで充実感を感じられるようになった過程や，チームに馴染めずやめることばかり考えていたのだが先輩たちと腹を割って話すことで再びやる気を取り戻した経験など，挫折や手痛い失敗を乗り越えて勝利を得たり，やる気を回復させたりといった，前向きでポジティブな語りが多く見られたのである。

　このような語りができるのはスポーツという活動の特質が関係しているのではないかと思われる。もちろんスポーツ選手の中には他と比べて成績や体力が優れている者もそうでない者もいるけれども，年齢的にまだ若い時には，たとえ勝てなくても自己の中での進歩を常に感じることができるだろう（もちろん，

スランプに陥ってなかなか進歩しないこともあるだろうが）。なぜなら試合では勝つこともあれば負けることもあるが，勝った経験はもちろんのこと，たとえ負けた経験であっても，その経験を生かして次の試合に生かすことができるからである。

　スポーツの文脈は，挫折を糧にして成長したり，手痛い失敗を乗り越えて勝利を手にしたりするといった，前向きで楽観的，肯定的なストーリーを語ることを可能にしやすい。それはマクアダムスの言うようなリデンプティブ・セルフを形作り，より生産的で前向きな生きる姿勢を導くことになる。

　「ようこそ先輩」で学生たちは，後輩役に対して自己の経験を基にして的確なメッセージを伝えていたが，この課題は，はからずもスポーツ選手のリデンプティブ・セルフに基づく生成継承性を発揮させるものであったのだろう。

スポーツでの自己の成長は一般化されるのか

　もちろんこのような成長がスポーツの分野でとどまってしまうこともありうる。中込（1993）は，スポーツでの成功がアイデンティティの唯一のよりどころとなるスポーツオンリーアイデンティフィケーションの問題を指摘している。中込（1993）では，高校時代にすでに日本一になるなど活躍していた選手が大学に入ってから成績があげられなくなり，自己がなくなったような感覚とそれを埋め合わせるためのような問題行動を起こした例が示されていた。

　スポーツでの成功のみをアイデンティティのよりどころとしていた場合，スポーツでの成功がなくなるとにわかにアイデンティティが失われてしまう。甲子園で優勝したチームの主将が理不尽なしごきを受け，大学を退学したのち，野球をやっていない自己には価値がないという絶望の中で，強盗事件を起こしてしまった事件があった。野球をやっていた自己を突然理不尽に失ってしまったという事情はあるにせよ，スポーツでの成長が全人的な成長につながっていなかったのだろう。それは本当の意味でのスポーツを通しての自己創りではないだろう。

　それではどうすればスポーツの経験による成長を全人的な成長につなげられるだろうか。

目標志向と動機づけ風土

　達成動機づけの研究のひとつに，目標志向（goal orientation）の違いを問題とする研究がある。達成動機の「質」を問題とした研究で，達成を目指す目標の方向性の違いによって，モチベーションや達成行動，不安などのあり方の質が変わるというものである。

　目標志向には，大きく分けると，勝つことや他者と比べて優れた成績を出すことを目指す成績目標（performance orientation）と過去の自分と比べて自分の力をのばすことを目指す習熟目標（mastery orientation）があり，成績目標が優勢の場合，選手が自分の力に自信がある場合は，モチベーションが高く保たれるが，自分の力に自信がない場合には，不安が大きくなったり，大きくモチベーションが低下したりするという。習熟目標の場合，選手の自信の有無にかかわらず，安定した動機づけをもたらすという（例えば，Ames & Archer, 1988）。

　目標志向の研究をスポーツの分野に限定して考えると，目指すべき目標，言い換えればスポーツをする理由が異なることによって，モチベーションのあり方が異なるということである。また目標志向の研究は，スポーツ分野において，個人の持つ目標だけでなく，チームがどのような目標を目指しているかで，そのチームに所属する選手のモチベーションのあり方が変わることも明らかにした。このようなチームの持つ目標志向は，動機づけ風土（motivational climate）と呼ばれている（Ames, 1995）。"climate"をここでは風土と訳したが，気候や雰囲気という意味を持つ言葉で，動機づけ風土とは，チームの目標志向が選手のモチベーションの質に影響を与える環境になっているという意味になる。

動機づけ風土は指導哲学である

　スポーツの指導者的な立場にあてはめて考えると，動機づけ風土とは，指導者の哲学であり，何のためにスポーツをするのか，何のためにスポーツを指導するのかということであり，それが選手のモチベーションのあり方に影響を与えるということを表している。筆者自身，ボランティアだが子どもたちに陸上競技のクラブで指導をしていて，何のために指導するのかを常に自問自答している。なぜなら優れた監督，コーチは共通して優れた指導哲学を持っていると思ったからである。

　このように考えるようになったのは，陸上クラブのトレーニングの参考にしようと，名門や強豪といわれる学校やチームの指導を取り上げた本を多く読んだ際，それらの本に載っている指導者の考えに共通して，練習内容それ自体よりも，指導哲学的なものの方が重要であるということが示されていたからだ。

　例えば2007年のセンバツ甲子園で優勝した常葉大学附属菊川高等学校の森下知幸監督は，「ウチは何も特別な練習はしていませんよ。きわめてスタンダードな練習じゃないですか」(『公開！甲子園名門野球部のトレーニング2』宝島社，2008) と述べる。また2015年夏の甲子園準優勝の広陵高校の中井哲之監督も，「もっと素晴らしい練習をされてるチームがたくさんあるでしょう。ウチの練習なんか原始的ですし，参考にならんと思いますよ」(『強豪校の㊙練習法，教えます！』ベースボールマガジン社，2009) と述べ，さらには「甲子園に行くにしても，勝つにしても，そこに心が伴ってないと意味がない。甲子園で決勝まで勝ち進んだとしてもわずか2週間のことです。大事なのはそこに辿り着くまでの過程で，甲子園がすべてになっちゃいけない」と述べている。

　重要なのは指導者の基づく指導哲学がスポーツを通した自己成長，自己形成，自己創りを目指すものであることである。そのような指導哲学に基づく実際の指導と，そこから醸し出されるチームの雰囲気がチームの土台となり，選手のやる気を高め，トレーニングをより効果的なものとする。そしてそれが単に勝

つことだけにとどまらず，まさに目指したスポーツを通した自己成長，人間形成，自己創りにつながるのである。

　「部活と思うな人生と思え」。これは部活動を通して生徒の成長を目指した原田隆史氏の言葉である（原田，2003）。原田氏は，大阪の松虫中学校の陸上部を指導して数々の全国優勝を成し遂げたが，その根本には，生徒の人間的成長を目指す人間教育の指導哲学があったのである。

　中井氏も原田氏も，そしてここに名前が出てきていない多くの指導者もスポーツや部活動が全人的な成長，自己創りにもたらすものの重要性をわかっていたのだろう。だから働き方改革においても部活動はなかなか変わらず，教師の犠牲の上に成り立っているという問題が残っているのだろう。今後，このまま教員の犠牲の上に成り立ってきた部活動は存続することは難しいだろう。スポーツ庁も，部活動の地域移行を計画している。それでは初めに提示した疑問である，これまでの部活動の良さをどう残しつつ，どのように地域へと移行していくべきだろうか。

これからの部活動のための提言

　ここではいくつかのことを提言したい。

　まずは何より地域移行でも，人間教育を外さないということである。スポーツを行う動機づけ風土について，勝つことの上位に人間教育を置くことである。そして指導者は常にそのことを語り続け，子どもの心に残すことである。スポーツの自己創りにおける意味は，ここまでの例に示される通り，後で語られることで形成される面がある。将来に語られるときのための種としてのメッセージを伝えておくことが重要なのである。

　二つ目は主体性・自律性を第一にすることである。興味深い事例がある。陸上男子100mで日本人で初めて10秒を切った桐生祥秀選手の話である。日本記録を出す2年前，コーチの土江寛裕氏が計画した冬練習を行い，追い風で9秒87という驚異的な記録を出した。しかし，その後怪我をして日本選手権を欠

場することが決まった直後，彼は土江コーチに冬練習で何をしたのか，まった
く覚えていないと言ったという。土江コーチは，「車に例えれば，僕が運転席
でハンドルを握り，後部座席にアイツを乗せていた感じ」で，「僕に言われる
まま目的地に連れて行かれる桐生にも何の印象も残らない」と述べている。そ
の後，土江コーチは，桐生のやりたい練習を横で見守り，時にアドバイスをす
る「教習所型コーチング」に指導のあり方を変え，それが2年後日本記録につ
ながったのである（土江，2017）。

　この例でわかる通り，たとえ成果が出たとしても，主体性・自律性が保たれ
ないやらされ練習では，そこに語ることのできる経験や自己の成長のストーリー
は作りにくく，自己創りは妨げられるように思われる。

　3つ目は，経験の振り返りを大切にすることである。振り返りとはこれまで
行ってきたことや経験してきたことの意味を紡ぐ行為である。成功経験であれ，
失敗経験であれ，前向きに語ることが意味を形作り，マクアダムスのいうよう
なリデンプティブ・セルフにつながると思われる。

　4つ目は，長いスパンでの育成を心がけることである。最近，全日本柔道連
盟が2022年度より小学生学年別の全国大会を廃止するというニュースがあった。
子どもの将来ではなく，目先の勝利に拘泥する勝利至上主義への懸念があった
ためという（全日本柔道連盟，2022）。

　先述のマクアダムス（McAdams, 2005）は，救いの物語で語られた自己と
してのリデンプティブ・セルフに対比して，昔はよかったのに，だめになって
しまったという「汚濁（contamination）シークエンス」の語りがあり，それ
が生成継承性の低い人に見られることを示した。スポーツ選手が早くから良い
成績を示すことは，そのまま良い成績をずっと維持しない限りはこの汚濁シー
クエンスにはまり込む危険性があり，それは人が前向きな心を持つことを妨げ
てしまう。それを防ぐためにも，競技初期には成長の余地を残した取り組みが
求められるのである。小学校などにおいては，スポーツそのものを楽しむ，ゆ
るい部活動があってもよいのではないかと思われる。

おわりに

　ここまでスポーツと自己創りについて，語りと生涯発達の観点から，部活動の役割とも絡めて言を進めてきた。今後，学校での部活動が存続しようと，地域移行が本格的に行われようと，スポーツを自己創りにつなげるためには，スポーツを通して人が主体的・自律的に行動し，自らの成長を実感することによって，自己の人生を生きられることが重要であり，それが結果的にスポーツに限らない自己創りにつながるのではないかと思われる。

文献

Ames, C. Achievement goals, motivational climate, and motivational processes. In G. C. Roberts (Ed.), *Motivation in sport and exercise*, Champaign : Human Kinetics, 1995, pp.161-176

Ames, C., & Archer, J. Achievement goals in the classroom : students' learning strategies and motivation processes. *Journal of Educational Psychology*, 80(3), 1988, 260-267

原田隆史『本気の教育でなければ子どもは変わらない』旺文社，2003

家島明彦「マクアダムスのナラティヴ・アイデンティティ」梶田叡一・溝上慎一編『自己の心理学を学ぶ人のために』世界思想社，2012，pp.65-72

McAdams, D. P. *The Redemptive Self: Stories Americans Live By*. Oxford University Press, 2005

中込四郎『危機と人格形成――スポーツ競技者の同一性形成』道和書院，1993

杉浦健「スポーツ選手としての心理的成熟理論についての実証的研究」『体育学研究』46(4)，2001，337-351

土江寛裕「『僕の好きなように練習させて』桐生の直訴に応えて教習所型に体幹＆ボクシングトレも奏功」『夕刊フジ』2017

　　　http://www.iza.ne.jp/article/20170928-XYX5R6AQLBNZFOFRJ5F3BJSAAY/

全日本柔道連盟「全国小学生学年別柔道大会について」2022

　　　https://www.judo.or.jp/news/9766/

『公開！甲子園名門野球部のトレーニング2』宝島社，2008

『高校野球2 強豪校の⑱練習法，教えます！』ベースボールマガジン社，2009

特集◎自己を創る──自己教育に取り組む姿勢と力を

●

茶道と自己創り

学校茶道エッセイのテキスト分析を通して

●

永田 里美○ながた さとみ

はじめに──筆者の茶道歴と本稿の目的

茶道は生徒や学生の自己形成にどのように関わっているのだろうか。今，生徒や学生は茶道を通してどのような学びを得ているのだろうか。これまで茶道と学びについては茶道家，哲学者，心理学者によって語られることが多く[1]，生徒や学生の茶道に対する意識の在り方について細やかな分析を行ったものは管見の限り，見出し難い。

筆者の茶道歴は30年近くとなる[2]。筆者自身の学校と茶道との繋がりに関しては，大学の茶道部で稽古を積み，卒業後は中等教育の教諭として学校の茶道部顧問を務めたり，大阪府高等学校芸術文化連盟において茶道部門の立ち上げに関わったりするなど，貴重な経験をさせていただいてきた。それらの経験を通して茶道が生徒や学生の自己形成に深い関わりを有しているという直感はあるものの，筆者自身も言語化を試みたことはなかった。そこで本稿は2021年度に，実施された学校茶道エッセイ[3]の作品に着目し，それらのテキスト分析による

抽出語句から，生徒・学生が茶道を通して得ている学びや自己形成についての把握を試みることとしたい。

1　学校茶道の歴史と現在

　本稿では紙幅の都合上，茶道の歴史についての詳細を語ることは割愛する[(4)]こととし，学校茶道の歴史について概観しておきたい。『淡交 55号』によれば，明治8（1875）年，跡見花蹊（現 跡見学園の創始者）が茶道を女子教育の正科に取り入れたことが「学校茶道」[(5)]の始まりとされる（茶道裏千家淡交会総本部，2001，p.87）。学校茶道は明治期の学校制度とともに発展し，以降，戦前，戦後における社会の伝統的な文化に対する位置づけや，教育課程におけるクラブ活動の位置づけ等に影響を受けながらも，現在，学校茶道は幼稚園，保育園，小学校から大学に至るまで全国的な広がりを有した文化活動となっている。また近年，小学校，中学校，高等学校では授業時に茶道体験が実施されている例も見られる。その背景には，平成18（2006）年の「教育基本法」の改訂を受けて小学校・中学校の学習指導要領，高等学校学習指導要領に我が国の伝統と文化の尊重が記載されたことによると考えられる。一方，大学については，サークル活動のほか，伝統文化関連の講義を設置したり，免状の取得が可能となったりしている大学がある。学校茶道の目的について，文化庁地域文化創生本部事務局（2022，p.27）は次のように記す（以下，引用部の下線，※は筆者が補ったものである）。

　　目的として掲げられているのは，<u>日本の伝統文化を体験し，感性を育むことや，礼儀作法や所作とともに豊かな教養を身に付けること</u>などである。このことから，茶道における所作や作法の体験や，茶道具などを見たり触れたりするなどの機会を通じて，各教育段階や内容に応じた深浅の相違はあっても，それらの習得が期待されていることがうかがえる。

表1　各入賞作品の作品数，単語数，文数

	生徒の部30作品	大学生の部13作品
抽出語総数	20726語	11687語
異なり語数	2266語	1766語
文数	916文	436文

　こうした背景を踏まえ，次節では学校茶道エッセイの作品を通して，中学校・高等学校の生徒と大学の学生が茶道の学びから得ている自己形成の在り方について，その一端を見ていくこととしたい。対象とするのは生徒の部（中学校・高等学校），学生の部（大学生）における入賞作品43編である。これらを樋口（2020）によるKH Coderで解析したところ，表1に示すテキストデータが得られた。

2　学校茶道エッセイ「生徒の部」から

表2　生徒の部における頻出語句

位	抽出語	出現回数	位	抽出語	出現回数
1	茶道	298	11	先生	39
2	お茶	125	12	入部	37
3	思う	114	13	時間	36
4	心	67	14	コロナ	35
5	お点前	63	15	活動	34
6	自分	61	16	楽しい	33
7	点てる	60		入る	33
8	人	53	18	大切	32
9	感じる	49		知る	32
10	今	44	20	美しい	32

（1）頻出語句の分析 ………

　生徒の部のテキストデータについて，KH Coderで頻出語句を解析した結果，上位20位までに表2のような語句が抽出された。ここから第一に指摘したいのが，上位語句の4位に「心」という語句が挙がっていることである。そのほか「感じる」（9位），「楽しい」（16位），「大切」（18位），「美しい」（20位）が見られる。ここから茶道の学びが「心」に深く関わっている

ことが見てとれる[7]。

　そこで「心」と共起する語句を調査した結果，上位語句10位内に「思いやる，思いやり，美しい，自分，清める，相手，込める，育む，大切，豊か」が抽出された。具体的には次のとおりである。

- ・人と人とのつながり，相手を思いやる心あってこそ成り立つ伝統文化であると改めて実感した。
- ・茶道の根底にある思いやりの心は万古不易のものであり，これからも伝えていくべき心だと思う。
- ・相手を思いやる美しい心は，美しいお点前を生み出すのだ。そして美しい心をもってつくり出されたお点前は，その空間をも美しく彩る。それが最高のお点前だと思う。
- ・茶道を学ぶことで，自分の心をみつめ，寂の心が備わるようこの伝統文化の道を精進していきたいです。
- ・なつめを清める。茶しゃくを清める。茶わんを清める。この前にもう一つ大切なものを清めよう。心を清める。
- ・初めて家族に飲んでもらうために心を込めて点てたお茶，おかわりが欲しいと言われて慌てて点てたお茶。
- ・まず私にとって茶道とは，思いやりの心を育む場です。お点前をするときは，いつでもお客さまのことを思い，……
- ・茶道の心をよりどころにし，思いやりの心を大切にして豊かな心を育んでいきたい。

　これらの表現内容から生徒の部においては，点前（茶を点てる一連の所作）を通して特に相手を思いやる心が形成されていることが分かる。このことは次に示す共起ネットワークからも窺える。

（2）共起ネットワークによる分析 ……………………………………………

　生徒の部の作品に現れた頻出語句を KH Coder による共起ネットワークという観点で分析したものが図1である。語句の出現回数が高いほど描く円が大

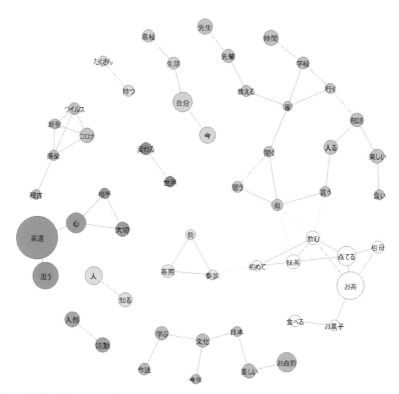

図1　生徒の部における頻出語句の共起ネットワーク

きくなり，語句同士の関連性の高いものは群として結ばれる。

　ここで着目されるのは図1の左側に位置する「茶道」と「心」の結びつきである。「心」という語は「相手」，「大切」と関連性が高くなっていることがこの図にも示されている。また，中学生，高校生が点前という基本所作に意識が向けられていることを上述したが，図1の右下側には「お点前」が現れている。図1の右側には「お茶」，「点てる」，「飲む」，「お菓子」，「食べる」などがあり，抹茶と和菓子を頂くことに素朴な喜びを感じていることも窺える。そのことは前掲表1における上位語句16位の「楽しい」という語にも繋がっていると考えられる。これらのことから、生徒においては基本的な点前を通して特に相手を

思いやる心を育んでいること、抹茶や和菓子といった伝統文化に接することの楽しさを感じていることが窺える。

3　学校茶道エッセイ「学生の部」から

(1) 頻出語句の分析 ⋯⋯⋯⋯

続いて学生の部のテキストデータについて KH Coder を用いて頻出度の高い語句20位までを抽出したものが右の表3である。ここから第一に指摘したいのは、学生の部においても上位語句として「心」（3位）が挙がっていることである。生徒の部と同様に、学生の部においても茶道の学びが「心」に深く関わっていることが読み取れ

表3　学生の部における頻出語句

位	抽出語	出現回数	位	抽出語	出現回数
1	茶道	148	11	コロナ	25
2	思う	63	12	気持ち	24
3	心	46	13	今	23
4	お茶	45	14	お稽古	22
5	人	36		大切	22
6	先生	34		茶会	22
7	感じる	33	17	茶室	33
8	考える	31	18	相手	18
9	自分	28	19	活動	17
10	お点前	26	20	行う	16

る。また前節で着目された「相手」は18位に挙がっており、ここにおいても相手意識の形成が強いことが見受けられる。

さらに生徒の部と同様に「心」と共起する語句を調査した結果、上位語句10位内に「落ち着く、穏やか、思いやる、踊る、大切、自分、相手、得る、お点前、現れる」を抽出することができた。具体的には次のとおりである。

- ・同じ所作とお点前に心を落ち着かせ、変わる季節や世の中を思う。
- ・コロナ禍により社会が大きく変化する中で茶道を通じて、青山（※掛け軸「青山元不動」）のように穏やかな心を保つことの大切さを知った。
- ・茶道の根底にあるものは相手を思いやる心であると思う。
- ・季節を感じながらお花を拝見し、素敵なお菓子に心を躍らせたり、分からないなりにもお軸に書かれている言葉を考えてみたり。

・何より大切なのはおもてなしの<u>心を大切</u>にすることなのだと実感した。

・「独座観念」，それは<u>自分</u>の今の<u>心</u>と向き合うという考えである。

・正座しながら，盆略点前の流れを習得することができたと同時に，少しずつ<u>穏やかな心</u>を得た。

・<u>お点前</u>にはその<u>心が現れる</u>。

これらの表現内容から大学生の茶道の学びにおいては相手意識のほか，自己鍛錬へのまなざしが読み取れる。また大学生においては眼前の点前に留まらず，掛け軸や床の花，茶室，季節感のように視野を広げた内省を得ていると言える。これらのことは次の共起ネットワークからも窺える。

（2）共起ネットワークによる分析 ……………………………………………

学生の部の作品に現れた頻出語句を共起ネットワークという観点で分析したものが図2である。

ここにおいても着目されるのは図2の中央に位置する「茶道」と「心」の結びつきである。それと同時に「心」に関連する語句のネットワークが複雑に交差していることである。すなわち学生においても先の生徒の部と同様に「心」，「相手」，「大切」が抽出されているが，それらはさらに「自分」，「人」，「文化」などの様々な概念と結びついていることが特徴的である。また，図2右側には「稽古」の関連語句として「茶室」が現れ，図2右上部には「花」，「季節」，「道具」などが現れていることから，大学生においては茶道の学びの中で自己を取り巻く茶道空間へと視野が広がっていると言える。なお図2右上部の群には「楽しむ」が現れている。この語は紙幅の都合上、前掲表3には示しきれていないが，学生のエッセイにおける<u>上位語25位</u>に挙がるものである。先述した生徒の部のエッセイに現れた「楽しい」という語に照らし合わせると，大学生においては「楽しい」から一歩踏み込んで，自ら楽しさを見出す（楽しむ）という主体的な茶道への関わりを読み取ることができる。

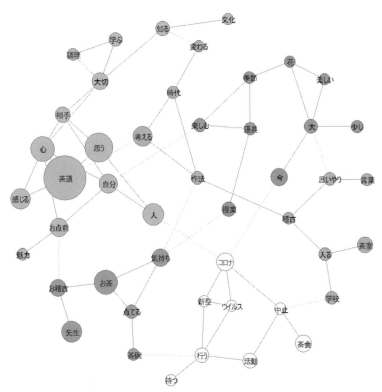

図2　学生の部における頻出語句の共起ネットワーク

4　生徒・学生の茶道と自己形成

以上の分析をまとめると次のようになる。

1）中学生，高校生，大学生における茶道の学びには，いずれも心の形成が
　　深く関わっている。
2）心の形成に重要な要素となっているのは相手への意識である。
3）中学生，高校生は点前という基本所作を通じて心を見つめる姿勢を育み，

　　抹茶や和菓子から茶道の楽しさを受け取っているのに対して，大学生では
　　点前のみならず茶道空間へと視野を広げ，茶道の学びに対する内省を得て
　　おり，自己鍛錬や主体的に茶道の魅力を見出そうとする姿が窺える。

　これらは前掲した文化庁地域文化創生本部事務局（2022, p.27）において習
得が期待される事項を具体的に実現するものである。
　また，現行の学習指導要領（中学校学習指導要領 平成29年（2017）公示お
よび高等学校学習指導要領 平成30年（2018）公示）に鑑みると生徒の発達の
支援として示されている以下の指導内容に沿うものであると考えられる。

　　生徒が，自己の存在感を実感しながら，よりよい人間関係を形成し，有意
　　義で充実した学校生活を送る中で，現在及び将来における自己実現を図って
　　いくことができるよう生徒理解を深め，学習指導と関連付けながら生徒指導
　　の充実を図ること。（文部科学省「中学校学習指導要領」第4　1　生徒の
　　発達を支える指導の充実(2)）

　これまでに見てきたように，生徒，学生は一碗の茶を通して相手を思いやる
心を形成している。客のために心を込めて茶を点て，客は自分のために点てら
れた茶を味わう。主客が互いに相手を思いやることは互いの存在を認め合うこ
とでもある。茶道を通して生徒や学生は，まさに自己の存在を実感しながら，
よりよい人間関係を形成する学びを得ていると言えよう。

おわりに
　本稿の分析によって生徒，学生が茶道から学び得ているものはそれぞれの発
達年齢によって異なるが，心の形成，特に相手意識に深く関わっていることが
示された。茶道は「一座建立」という語が表すように，主客の気持ちが通い合
う調和的な場を形成する心構えを必要とする（梶田，2002, p.46）。生徒，学
生のほとんどは茶道初心者であったが，自らの体験を通してその実感を得てい

た。そこには真摯な学びの姿を読み取ることができた。利休百首には

　稽古とは一より習ひ十を知り十よりかへるもとのその一

とある（井口著 綾村書，1973，p.193）。筆者自身も十を学んだ先に，もう一度，ここに挙げた生徒や学生のように，自分が茶道を習い始めた10代の頃を振り返ってみたいと考える。

注

⑴　先学は枚挙にいとまがないが，古典では岡倉天心『茶の本』1984，久松真一『茶道の哲学』1987（いずれも講談社），近年では安西二郎『茶道の心理学』1995，岡本浩一『心理学者の茶道発見』2017（いずれも淡交社）など。

⑵　茶道裏千家淡交会会員。

⑶　一般社団法人 茶道裏千家淡交会総本部主催「第42回学校茶道エッセイ」。テーマ「コロナ禍により社会が大きく変化する中で，茶道を通じて感じたこと」。2021年度は学生の部58点，生徒の部1232点が応募され，学生の部は優秀賞3名，第1席10名，生徒の部は優秀賞10名，第1席20名が入賞。

⑷　茶道の歴史については，文化庁地域文化創生本部事務局（2022）に詳しい。

⑸　「学校茶道」という呼称は茶道裏千家が使用し始めたものが一般的な呼称として広まったとされる。茶道裏千家淡交会総本部編（2000）p.32。

⑹　文化庁地域文化創生本部事務局（2022）による。

⑺　なお表中3位の「思う」は「大切であると思います」のように作文における文末の思考動詞として用いられているため、本稿では分析対象外としている。学生の部についても同様である。

参考文献

文化庁地域文化創生本部事務局「令和2年度 生活文化調査研究事業（茶道）報告書」2022

　　https://www.bunka.go.jp/tokei_hakusho_shuppan/tokeichosa/seikatsubunka-chosa/

　　pdf/93014801_06.pdf（2022年5月1日確認）

樋口耕一『社会調査のための計量テキスト分析 内容分析の継承と発展を目指して　第2版』ナカニシヤ出版，2020

井口海仙著，綾村坦園書『利休百首』淡交社，1973

梶田叡一『〈お茶〉の学びと人間教育』淡交社，2002

梶田叡一責任編集・人間教育研究協議会編『教育フォーラム42　伝統・文化の教育─新教育基本法・
　　新学習指導要領の精神の具現化を目指して』金子書房，2008

茶道裏千家淡交会総本部編著『新しい領域もう一つの教科──学校教育としての茶道』日本教育新聞社，
　2000

茶道裏千家淡交会総本部「学校茶道の発展」『淡交』55，淡交社，2001，87-89

（謝辞）本稿の執筆に際して学校茶道エッセイを参照させていただきました。またその参照にあたり
　　　茶道裏千家淡交会総本部組織部（学校茶道）にお世話になりましたことを記して深謝を申し
　　　上げます。

特集◎自己を創る──自己教育に取り組む姿勢と力を

●

生涯学習を通じて自己創りを

●

今西　幸蔵○いまにし　こうぞう

はじめに

　人間は生涯にわたって学び続ける主体である。生物学的な成熟や成長とは異なり，自身に与えられた時間と空間を生きることにより，さまざまなことを学び，発達する。学びは自発的な欲求によって形成される。

　現代は生涯学習社会だと言われるが，求められる人間像は，自発的学習を基盤として個人が自己開発を行い，自己実現と社会参加をめざす姿にある。

　何を学ぶのかではなく，どう学び，その成果を自分と社会に関わる生活にどう生かすのかが問われているのである。

　「自己創り」とは，まず，自己を確かなものにすることであり，その上で自己を高める方向で努力することによって，内面に起きた変容を自己認識することだと解釈する。

　この「自己創り」という言葉の意味には，「創る」という人間の創造的な営みが存在する。新しい自分を創り出す自己形成作用であり，自己開発に関わるさまざまな営みを指す人間形成の過程と考えて良いだろう。

　それは，ありのままの自分の姿を認識し，確かな目標を持って，新しい自分

を創り上げていく行為であり，結果，個人の内面が変容することになる。

　人間の営みについて，梶田叡一氏は，「自分は何をなすべきで何をなすべきでないか，自分は本来はどうあらねばならないのか，こういった問いを自分自身に突きつけ，同時に自分自身のあり方を，それとの関連で吟味し続けることによって，われわれは一歩一歩，自らの『かくあるべき自分』に向かって自己形成していくことができる。／人は本質的に『自分自身を創り上げる』存在であると言われてきたのも，このことに他ならないのである」（梶田，2020）と述べている。

　梶田氏は，この引用文に続く文章において，「誰でも，はっきりとした自覚が，あるべき自己の姿と現実の自分自身のあり方に対する吟味が，そして自分自身へのコントロールや働きかけが，可能なのである」とし，一人ひとりの人間を自己形成的にしていくこと，自己教育性を身につけた存在にしていくことの重要性を指摘する。こうした解釈に立って，本稿は「自己創り」の意味と「生涯学習活動と社会教育」（以下，生涯学習）の課題について検討する。

1 「望ましい自己像」を求めて「自己創り」を

　人が「自分を創る」ために必要なことは，まず，自分自身にとって「望ましい自己像」とは何かを問うことである。一人ひとりの人間には「望ましい自己像」があり，人生のさまざまな道筋において，それに近づこうと努めることで，自分が創られていくものと考える。この道筋は，各人のアイデンティティ形成そのものであり，心理学でいう自我同一性，自己同一性というような発達を伴い，「望ましい自己像」を目標に，どのように自分を創るのかという自己形成の過程である。

　それでは，「望ましい自己像」とは何なのだろうか。人間社会は，高い倫理性を所有する「善なる人間」の姿を理想とし，善き人間性を持った人格主体の形成をすべての人間に求めている。それは，高い倫理性を伴った思考と行動を有する個を育成することで具現化される。

　生涯学習の文脈で，めざすべき個の育成を教育や学習の目的にするならば，「教育の目的は，身体的，知的，情緒的，性的，社会的，霊的存在としての個人のあらゆる側面，あらゆる次元の要求をみたすことである」（ラングラン著 波多野訳，1979）ということであり，人間が持つ諸要素として，個人の全面的な発達，精神，肉体，知性，感性，美的感覚，責任感，倫理感のすべての発達に寄与する営みが求められる（ユネスコ編 天城訳，1997）。

　さらに，教育や学習の目的は人間の存在と生成に関わるさまざまな要素が，個人において統合された状態を指し，「完全な人間」をめざすこととされる（Faure著 教育開発国際委員会編 国立教育研究所内フォール報告書件等委員会訳，1975）。

　この諸要素を構成するのが，梶田氏がよく指摘しているところの内面世界，すなわち「心」であり，「心の教育」が取り上げられるのは至極当然である。生涯学習においては，全人的な人格形成の高まりを求める。肯定的な世界観をもとにした確かな自己存在の自覚，自尊感情の高揚の中での自己受容や他者との協同性の確保と相互信頼の形成といったことにより，心身が豊かな QOL を獲得することを視野に入れた学びを必要とする。

　つまり，人間の内面世界の「ありよう」である心のあり方が問われているのであり，梶田氏の説明では，心の奥には意識下の世界である「本源的自己」があるということになる（梶田，2016）。氏は，「本源的自己」の影響を受け取る意識世界によってもたらされるものがあると述べているが，そうした人間の反応によって発せられると考えられる願望や要望には，ありのままの自己が潜んでいると思われ，それを自分自身のものにし，高次なものにしていく過程に注目する必要がある。この過程では，自己に何が必要なのか，人間は何を目的，目標に生きているのかといった問いかけが出発点になる。それは，人間の根幹の部分の問題であり，ピュアな発想に立ち，隣人愛，人間愛，スピリチュアルなものに対する憧憬を伴ったものであることが望まれる。

　「望ましい自己像」を求めることは，ありのままの自分，確かな自己認識に基づくものでなければならず，そこで見出した自己像を改善することを目的

とした自己形成の過程が「自己創り」であり，「自己創り」に取り組むことは，学習者の自己発達を促し，学習能力を育てることと軌を一にする。「自己創り」においては，自己教育力や自己学習能力を育成することが肝腎であり，そういった力を，生涯学習に参加しているすべての人間が目的的に学ぶべきである。

2 「自己創り」を進める生涯学習の課題

　人間の学びを支えているものは何だろうか。確かに，古代ギリシアのポリス市民のように，生産労働を奴隷に従事させ，自分たちが「余暇」を楽しんだというような要素と共通するものが生涯学習にないとは言えないが，学習活動をしている多くの人々は，自分の人生の意味を問いかけ，人間として幸福な生活を求め，あるいは社会貢献をめざしている。それこそ「望ましい自己像」を実現するための学びを深めて「完全な人間」をめざし，個人によってさまざまではあるが，各人が自己実現に向けての活動に取り組んでいることといえる。

　特に成人の生涯学習においては，ノールズ（Knowes. M.）が示したような自己管理的な学習（Self-Directed Learning）が求められ，アンドラゴジーの視座から「自己学習力」や「自己教育力」を解釈する必要があると考える（梶田，2016）。

　この問題については，『教育フォーラム』第67号で論じているので（今西，2021），ここでは説明を省略するが，成人の学習は各人の自己管理性の発揮によって成立することが重視されており，集積された経験が学習資源となり，個人の生活課題によって学習レディネスが形成されると考えられている。

　ノールズは，依存的な自己が，主導的な自己に変容する過程で発揮される自発性や自律性が人間形成において重要であり，それが自己概念の形成につながると考えている。それには，成人の心理的特性を生かした学習支援が必要で，生涯学習や生涯教育といった機能が活用されることになる。

　生涯にわたる「自己創り」という視点で考えると，各人の学習や教育はライフステージによって課題が異なり，具体的な活動も異なるが，自己の人格の向

上と社会に開かれた自己実現をめざした活動が展開されているのである。

　生涯学習は，学習者の自主的・自発的意志に基づく学習活動を指すのであり，それ自体が「自己創り」と言える。自己創りは非定型な教育としての支援と，学習者の主体的な学びの場で成り立ち，多種多様な領域で活動が展開される。個人や集団に内在する学習要求を顕在化させることによって活動を実施し，公的社会教育のように行政支援を受ける場合もあれば，学習者の自己実現や自己責任で完結する場合もある。近年は，学習要求の多様化に伴い，学習・教育領域を超えた幅広い社会活動につながっており，それが生涯学習として理解されるようになっている。

　生涯学習では，学習者は能動的であり，自己の学習目的を達成しようとする。

　生涯学習に参加している人の多くは，さらなる自己向上をめざしているが，個人の内面世界の多様性が前提となるので，自らの変容や学習成果の獲得に対する評価は主観的にならざるを得ない面がある上に，年齢を経るにしたがって自己認識は鋭敏となっている。

　こうした自己認識の過程において，自己の内面が広がり，深まっていることを認めた人は，達成感や成就感を得るが，一方，発見された自己に納得がいかない場合もある。そうした人に求められる自己矯正の機会が少ないことが問題であり，自分の人生をあきらめずに，「望ましい自己」を求めて継続的に学び続けることができるような生涯学習支援と教育的援助の必要性が課題となるのである。そして，私たちは，生涯学び続けるということ，「完全な人間」をめざすという目標がいかに難しいかを嚙みしめながら，一歩一歩進むことにより，人生を全うしなければならないのである。

3　生涯学習に求められる「自己創り」の成果

　ここでは，実践研究として，実際の生涯学習の現場で，「自己創り」に関わる教育・学習の過程がどのように展開されているかを検証する。

　学習者が自己決定した教育や学習の場において，自己探求に取り組み，自己

表現をめざした活動に参加し，さらに自己評価することにより，自己変容が達成できたのか，自己実現に結びついたのかという変容の過程を探る。本稿で取り上げた事例は，生涯学習の対象を青少年と成人にわけ，各々に見合った調査結果に考察を加えているが，既存の公的データを使用していること，さらに本稿で提示しているのは全データの一部であることを断っておく。

（1）青少年対象の生涯学習の事例 …………………………………………

　青少年対象の調査では，保護者や家族の影響を考慮しなければならず，青少年独自の判断かどうかという問題があることをふまえた上での考察である。

　そうした問題点を考慮しつつ，青少年対象の学習成果調査として，大阪市「こども 夢・創造プロジェクト」のデータを分析した結果を示したい。

　事例とした青少年教育事業は，大阪市青少年課が主な主催者となり，筆者が実行委員長を務めている。毎年，小学生・中学生を対象に実施している体験学習講座で，今回採用したデータは，2019年度事業（18プログラム）実施後に，参加者256名（回答者250名。ただし項目(2)〜(6)については有効回答数241名）の意識・行動変容度測定を調査紙調査によって行った結果をまとめたものである（大阪市こども夢・創造プロジェクト実行委員会編，2020）[1]。

　この結果を，筆者が設定した7つの指標に照らして考察することによって，参加者がプログラムをとおしてどのように変容したのか，事後に「自己を創った姿」をどう受け止めているのかを考察した。考察を進めるために，「自己創り」に至る個人の変容を示す指標としてあげた7項目を以下に記す。

⑴　教育や学習に参加したことにより，将来の展望や具体的活動に対する意識や意欲が変化したと自覚しているか。

⑵　自分らしさ，長所，自分で何かを作り出す力を発見し，省察する契機となったか。

⑶　約束を守り，挨拶をするなどの「社会のルール」を知り，考える契機となったか。

⑷　自分で考え行動する力，自信，やってみようという気持ちの保持，深化

の契機となったか。

(5)　将来の夢，目標，やりたいことを発見し，具体的考察ができたか。

(6)　講師の先生や支援者の話や説明を評価しているか。

(7)　今後も，こうした活動への参加を希望するか。

(1)　将来の展望や具体的活動に対する意識や意欲が変化したと自覚しているかという問いに，「ある」とした人は97名（38.8％），「わからない」が125名（50.0％），「ない」が27名（10.8％），無回答が1名であった。自覚された変容が約4割，半数がわからないで，全体として変容が期待できるかも知れない程度の意識だった。

(2)　自分らしさ，長所，自分で何かを作り出す力を発見し，省察する契機となったかについて，「とてもなっている」が149名（61.8％），「少しなっている」が90名（37.3％），「なっていない」が2名（0.8％）で，ほとんどの参加者が契機となっていると思っていることがわかった。

(3)　約束を守り，挨拶をするなどの「社会のルール」を知り，考える契機となったかについて，考える契機に「とてもなっている」が120名（49.8％），「少しなっている」が105名（43.6％），「なっていない」が16名（6.6％）であった。(3)については，全体から見るとやや低い傾向にあり，同時に実施した保護者対象の調査とも相関しており，体験活動の課題と言えるかも知れない。

(4)　自分で考え行動する力，自信，やってみようという気持ちの保持，深化の契機となったかについては，自律的な行動力，自己肯定感や前に踏み出す力に関連した質問である。「とてもなっている」が190名（78.8％），「少しなっている」が44名（18.3％），「なっていない」が5名（2.1％），無回答が2名であった。

(5)　将来の夢，目標，やりたいことを発見し，具体的考察ができたかについて，「とてもなっている」が173名（71.8％），「少しなっている」が62名（25.7％），「なっていない」が5名（2.1％），無回答が1名で，体験学習の効果がよく示されている。

(6)　講師の先生や支援者の話や説明を評価しているかについて，「とてもわ

かりやすかった」が192名（79.8％），「ふつう」が43名（17.9％），「むずかしかった」が5名（2.0％），無回答が1名で，講師の先生や支援者の役割が大きいことがわかった。

　（7）　今後も，こうした活動への参加を希望するかについては，「参加してみたい」が241名（96.4％），「参加したいとは思わない」が7名（2.8％），無回答が2名であり，青少年教育・体験学習のような生涯学習が「自己創り」において，一定程度以上の効果を発揮していると考えられる。

（2）成人対象の生涯学習の事例 ………………………………………………

　以下に示すのは，成人対象の学習状況調査の結果である。事例としたデータは，2021年度に大阪府茨木市が，「生涯学習推進計画」を策定するにあたって実施した生涯学習に関わる市民意識調査の結果であり，この計画策定について

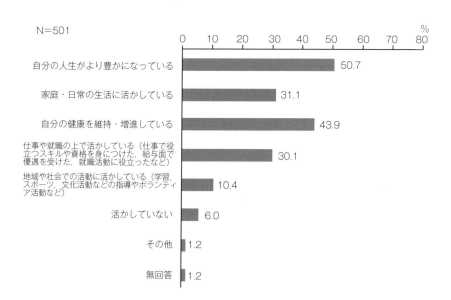

図1　生涯学習で身につけた知識や技能の活かし方（生涯学習に取り組んでいる人
　　の回答結果）（茨木市市民文化部文化振興課編，2022，p.18 より抜粋）

も筆者が委員長を務めた[2]。詳しいデータの提示は省略するが，市民（学習者）は「生涯学習で身につけた知識や技能の活かし方（複数回答）」について，「自分の人生がより豊かになっている」が50.7%と過半数を超えており，次いで「自分の健康を維持・増進している」が43.9%，「家庭・日常の生活に活かしている」が31.1%，「仕事や就職の上で活かしている」が30.1%となっている。一方，「地域や社会での活動に活かしている」は10.4%しかなかった。

　この結果は，同調査の「生涯学習に取り組んでいる目的」と割合がほぼ類似しており，市民に明確な課題意識があり，学習要求や目的意識を持って学習活動に参加し，目的が達成されていることがわかる。一定程度ではあろうが，自己実現できたと言えるのではなかろうか。

　他の自治体が，本調査と同様の目的・内容で実施している類似の調査[3]で判明していることであるが，年齢別にクロス集計すると，「自分の健康を維持・増進している」や「家庭・日常の生活に活かしている」という項目は，課題そのものが日常生活に密着しており，全世代に共通する学習課題だと考えられる。壮年期の成人の学習課題や学習要求には職業生活につながるものが多く，経済生活を成り立たせる職業や仕事に関わる学習が求められる。「仕事や就職の上で活かしている」と回答した人はこの層に該当する。

　65歳以上の高齢期の成人になると，学習課題や学習要求は壮年期のものとは異なり，変化する。多くの学習者は年金生活者となって経済生活の維持のための仕事から解放され，自分自身の人生を顧みることによって残された人生をより豊かに過ごすことをめざすようになり，そのために各自に見合った学びの場を選択し，自己実現を図ることがわかっている。「自分の人生がより豊かになっている」と感じているのは高齢者に多く，多種多様な学びの場を求める傾向にある。

　生涯学習に参加している人たちは，自身を高めるための学習活動の結果，自己実現に向かう自分の姿に気づいており，「自己を創った姿」になり得るような努力をしていると考えられる。

　問題は，2で述べたような生涯学習支援を必要とする人がいること，せっか

く学習成果を手に入れながら，それを自己実現や社会参加・貢献に結びつけることなく過ごしてしまう人がいることである。学習で得た成果を，自己の内面で広げていく努力もまた個々の学習者の課題なのである。「完全な人間」を求める生涯学習は，各人の具体的目標である「望ましい人間像」の実現を図るための間断なき人生の旅路を支援する源泉と言えるのである。

4　今後の展望と課題

　2つの調査事例を参考にして，人々がどのように「自己創り」に取り組んでいるのか，実態を検討した。考察した結果から判断できることがいくつかある。

　対象となる人の年齢層を大きく2つに区分してデータを採用したが，両調査に共通することとして，自分らしく生きている人間の姿が浮かび上がる。行動力が発揮されて，自己肯定感が得られている様子が伝わった。事業やプログラムに前向きに参加しようとしており，学んだことが役立つと感じており，人生を豊かにするアウトカムがあったと考えられる。

　今後のわが国においては，新自由主義的な傾向が強まり，「市場型」の生涯学習の進展が予測され，公的社会教育の領域の活動が減退することが予想されるが，一般社会教育や多種多様な生涯学習活動が広がることは自明であり，主体的な人間形成への学びは，ますます深まりを感得させるであろう。

　問題は，前述しているように，活動の活発化の中で，参加した人々がどれだけ自覚的に自分を見つめ，変容を意識しているかという点にある。人によれば，そのような自覚がなくても人間は成長していくという意見が出るかも知れない。しかし，「自覚された変容」と「自覚されていない変容」では質が大きく異なる。それは個人の成長だけが学習の目的ではないからである。

　人間は，常に明確で「望ましい自己像」を持って生きるべきであり，自律的で目的的な学びを継続させることにより，人間としての使命を全うすることができるのである。

　人間社会の中で，自分はどう生きるのか，何ができるのか，それを社会にど

う活かすのかといったテーマに自問自答しながら，一歩一歩進んでいくことが，結果としての「自己創り」であり，生涯学習が求めている「完全な人間」になるための方途と言えるのではないか。結語として，自分が，この世に生まれて，「社会に活かされている」というパラダイムで思考することが重要であると述べておきたい。

注

⑴　本事業に関わる調査は，「意識・行動変容度測定のための調査紙調査」として2005年度から継続的に実施されている。さらに，2015年度からは個人の「能力の変容度を測定する生きる力調査」を加え，事業全体の結果を２種類の報告書で提示している。

⑵　茨木市が「茨木市生涯学習推進計画」策定にあたり実施した市民意識調査。調査紙調査として18歳以上の市民2000人を対象に，2018年度に実施されている。

⑶　大阪狭山市が2021年７月に実施した市民の生涯学習に関するアンケート調査（対象2,000人 100団体）結果が『大阪狭山市生涯学習推進計画』に示されている。これ以外にも多数の類似報告がある。

引用文献

Faure, E. 著，教育開発国際委員会編, 国立教育研究所内フォール報告書件等委員会（代表 平塚益徳）訳『未来の学習』第一法規出版，1975，pp.187-188

茨木市市民文化部文化振興課編『茨木市生涯学習推進計画』茨木市，2022

今西幸蔵「社会教育活動を通じて自己教育力を」梶田叡一責任編集・日本人間教育学会編『教育フォーラム67』金子書房，2021，pp.74-82

梶田叡一『人間教育のために』金子書房，2016，pp.30-46

梶田叡一『自己意識と人間教育』自己意識論集Ⅱ，東京書籍，2020，pp.56-57

大阪市こども 夢・創造プロジェクト実行委員会編『令和元年度　こども 夢・創造プロジェクト事業効果測定分析結果』大阪市こども青少年局青少年課，2020

ラングラン, P. 著, 波多野完治訳『生涯教育入門 第２部』（再版）全日本社会教育連合会，1979，p.6

ユネスコ編，天城勲訳『学習―秘められた宝―ユネスコ「21世紀教育国際委員会」報告書』ぎょうせい，1997，日本語訳まえがき

特集◎自己を創る──自己教育に取り組む姿勢と力を

●

自己創りと自伝的記憶
記憶のノードとそのリンクを視点に

●

中村　哲○なかむら　てつ

はじめに

　記憶が，筆者にとって意味を感じられたきっかけは，平成20年11月3日の父の死。大正5年4月1日生まれ，満94歳であった。父が死を迎える数ヶ月前，兄と相談して父が退職後に始めた俳句の句集「残菊」を刊行した。その句集に父との思い出を短く書き始めた。最初は，父との思い出を綴っていたのであるが，思い出としての記憶には，自己，他者，時代，過去・現在・未来の関係性など個人的，社会的，歴史的な意味が含まれる。さらに，脳内に蓄積されている記憶が，これまでの自己とこれからの自己としての自己存在の証ではと覚知するようになった。記憶は，「記憶の記録の側面にフォーカスした貯蔵」と「記憶の想起。つまり思い出す側面にフォーカスした物語」に分かれる。前者は「記憶のコピーモデル」であり，後者は「記憶の再構成モデル」である。自分の過去の体験の記憶は，後者に関係する。このモデルの典型が，「過去の自分の体験についての記憶」を意味する「自伝的記憶」である。本小論では筆者の自伝的記憶を想起しながら自己創りの関連と意義について考察したい。

1　自伝的記憶と自己創りの関連

　「自伝的記憶」の研究は，心理学研究においても重要な研究課題である。「我々は自伝的記憶を想起することによって過去の自分を再認識する。そして，過去および現在における自分と社会が認めかつ期待している自分とを結合することを通して，アイデンティティを確立させていく。この意味において，個人が自己の同一性や連続性を保つのに，自伝的記憶は1つの本質的な役割を果たしている」（山本，2015）と言える。日本心理学会では，2003年に開催された第67回大会からワークショップが開催され，「自伝的記憶研究の理論と方法」として2008年までの6年間の研究的試みがなされてきた。そして，『自伝的記憶の心理学』（佐藤・越智・下島編著，2008）として刊行されている。同書では，これまでの研究成果を踏まえて，次の内容が報告されている。「第Ⅰ部　自伝的記憶研究の方法　第Ⅱ部　自伝的記憶の理論　第Ⅲ部　自伝的記憶と時間　第Ⅳ部　自伝的記憶と語り　第Ⅴ部　これからの自伝的記憶研究」。さらに，次のように意義付けられている。「自伝的記憶は個々のアイデンティティを支えると同時に，人と人をつなげる機能を果たし，またヒトに独自の心的機能とも考えられる。こうした魅力的な記憶の研究が，今後いかに関連領域と関わりつつ，独自の理論的・実証的な展開を示すことができるか，可能性を探りたい。」（佐藤・越智・下島，2008）

　このような自伝的記憶の研究方法としては，次の4方法に大別されている。「記述的研究　現象の記述を主目的とする。時間経過に伴う変化を検討するのも含む。相関的研究　複数の変数間の相関を検討する。発達に伴う変化を検討するものを含む。実験的研究　研究者側が独立変数を操作し，被験者を割り当てる。準実験的なものを含む。実験的研究（被験者のタイプを操作）様々な被験者のタイプによって，自伝的記憶の想起がどのように異なるかを検討する。」そして，研究テーマを14の自伝的記憶の構造や機構等の内容に基づいて約50を超える研究事例が紹介されている（佐藤・越智・神谷他，2005）。

　これらの研究方法と研究事例を参考にするならば，本小論は記述的研究の事例になる。そして，その記述内容が生まれてから現在までの時間（ライフスパン）に基づく研究でもある。さらに，その自伝的記憶としての内容は，研究対象としての他者の記憶ではなく，研究主体の自己の記憶である。その意味では，自伝的記憶の研究事例ではなく，自伝的記憶を想起しながら個としての人間形成に影響を受けた物語の内容である。具体的には，自伝的記憶のエピソードに標題を明示し，その標題内容を文章的記述によって表現する。そのまとまりをノードとして列挙し，それらを自己創りの関係性を視点にリンクさせる手法で考察する。その意味では，ノードとして把握する記憶自体もそれらのノードをリンクさせる方法も客観性を根拠にする研究とは言えない。しかし，ノードとしての記憶とそれらのノードの関係性において他者の記憶との類似性，共通性，共感性が見出されることによって間主観的関係性の成立の可能性はある。その可能性を期待して筆者の自伝的記憶ノードの想起と抽出を試みたい。

2　自伝的記憶ノードの想起と抽出

　筆者の自伝的記憶ノードを想起する方法としては，基本的には幼少期，児童期，少年期，青年期などの人間の発達過程に準じて抽出する。抽出する際には，抽出する記憶内容を表象する場面をイメージ化する。その場面の行為や様子を意味する標題を付ける。さらに，その標題に関係する行為や様子を文章で表現する。このような方法によって抽出された記憶ノードとしては，次のような標題が指摘できる。

　引き離される感触，須磨海岸での父の遠泳，丹前の遊び，登園の見送り，押入のお仕置き，履物投げ，父の似顔絵，ベレー帽，おんぶされて病院，お膳のひっくり返し，正月の鏡餅，壁電話，飼い猫の「くろ」，削りぶし，火鉢の餅焼き，おばあさんの死，革靴の山登り，若草山へのバス旅行，公園での遊具，長屋間の広場，ラジオの購入，台風の防御，将来の夢，神戸祭りの迷子，母との約束，野良猫のえさ，赤胴鈴之助，ポーズ写真，ゴジラごっこ，学芸会のあ

いさつ，幼稚園の弁当，小学校の入学，文房具のお祝い，入学式の記念写真，フラフープ，黄色いさくらんぼ，長田神社の追儺式，書き初めの展覧会，西宮のおじさん，お盆の供え物，八伏山，兄の家出，池づくり，年賀状の代筆，梅田コマ劇場，古城の歌，セミ取り，たたみ干し，餅つき，銭湯，金魚鉢，盆踊り，水族館での花火見学，家庭訪問，王子動物園，初めての京都参り，須磨浦公園での林間学校，自転車乗り，広島の爆弾投下，皿池の落とし穴，集団エスケープ，飼い犬チェリー，煙草屋の映画看板，風呂屋の脱衣場，戦艦武蔵のプラモデル，姉妹都市シアトル，小中学校の通信簿と絵日記，伊勢への修学旅行，騎馬戦と棒倒し，台所での行水，ガス管工事，クラスの席替え，校庭のフォークダンス，海の記念日の絵画入選，川ガニ捕り，須磨海岸の魚釣り，塾の迎え，中学校での恩師との出会い，中学校の最終課題……

　脳内には顕在化されない記憶ノードも無数に存在する。これらのノードとしての記憶は，ほんの一部に過ぎない。さらに，標題だけでは記憶内容の理解は難しいので，標題に関する記憶内容を文章表現する。それらの一部を次に例示する。

須磨海岸での父の遠泳

　海水浴に須磨海岸へ連れていかれた時。砂浜にて，父が「沖に行って来る」と言って遠くへ，遠くへ泳いでいった。そばにいたのは誰だったか思い出せないが，その人の手を握りながら小さくなっていく父の水泳帽をじっと眺めていた。後で知ったのであるが，その水泳帽は父が軍事訓練で使っていたものであった。

丹前の遊び

　父の丹前が六畳の居間に掛けられていた。会社から父が帰ると，その丹前に着替える。朝，出勤してから父が帰宅する間，ハンガーに掛けられていた丹前の中に隠れたり，垂れ下がっていた黒い絹帯をひっぱったり，猫がじゃれつくように戯れていた。その内に父の臭いに気づいた。

父の似顔絵

　幼稚園でのお絵かき。父の日が近づいていたのだろう。父の似顔絵を，初め

て描いた。黒のめがねを掛け，髪の毛を分けていることを知った。

おんぶされて病院

　幼稚園のブランコで額を打った。夜に帰宅した父が，ふとんに横たわって寝ていた私を見て，医者に連れていった方がよいと判断したのであろう。私をおんぶして，家から十分ぐらいの外科医のところに連れて行ってくれた。私をおんぶしながら父は走っていた。夜だったので，病院の玄関ではなく外科医宅に回って病院の治療室に行った。どのような治療を受けたかは全く記憶にない。ただ，額の痛さより，父の背中で揺られていた感触が残っている。

お膳のひっくり返し

　高校二年の時に我が家が新築されるまで，六畳二間，四・五畳一間，台所の社宅の長屋に住んでいた。朝昼晩の食事の時，四・五畳の部屋に置かれていた長方形の卓袱台。どのような料理が並べられていたのかあまり記憶にない。ただ，七輪で松茸を焼いたこと，同心円の真中がへこんでいるすき焼き鍋のすき焼き，日曜日の朝のパン食などを思い出す。

　ある時，父と母が卓袱台を挟んで口げんかをしていた。突然，父が卓袱台をひっくり返した。その光景を隣の部屋でこわばりながら眺めていた。

革靴の山登り

　小学校一年だった。竹を必要とする宿題が出された。父と一緒に竹を取りに行くことになった。その時の父の服装が，背広姿でオーバーを着け，革靴を履いていた。近所の周りに竹が見つからず，近くの山を登ることになった。山の斜面を通勤服で登る父の姿に恥ずかしさを覚えた。

塾の迎え

　中学一年になった時。友達と三人で英語を友達の兄さんに教えてもらうことになった。自転車で自宅から十五分ほどの友達の家の二階であった。午後九時ごろになると外の街頭の下に父が迎えに来てくれていた。二階の窓越しに父の姿が垣間見えた。帰りは途中まで自転車を押しながら父と一緒に帰ったのであるが，下り坂のところに来ると，いつも，私がひとりで自転車に乗り，自宅までスピードを出して帰っていた。父が心配して迎えに来てくれていることはわ

かるのであるが，中学生なのだからひとりで帰れるという自負もあった。私の帰宅後，父は十分程度してから「哲は帰ったか」と言って戻って来ていた。

　これらの記憶のノードは，父との関わりを視点に抽出したものである。抽出した記憶のノードは乳児期から児童期を経て少年期に関連するものである。そして，父との関係性は依存状況から自立状況への移行の様子が推察できる。さらに，視覚，嗅覚，体感という直接経験としての記憶から意識，他者，自我という間接的意識としての記憶への変化が窺える。このように自伝的記憶として抽出した記憶ノードは，視点の設定によって関連性が見えてくるのである。

3　自己創りを視点とする自伝的記憶ノードのリンク

　自伝的記憶は，それ自体が自己創りと言える。これらの記憶の中で，筆者としての存在覚知の記憶と中学校時代の自己づくりの基礎になった記憶が，次の内容である。

引き離される感触
　生後数ヶ月の原体験。たぶん母親に抱かれていたのだろう。母親の周りで私を覗き込んでいた人たちのひとりが私を抱いた時，まるで鳥餅が引き離されるような感触を覚えている。母親の肉体の一部として密着していた体が，個としての私の意識を覚知させた瞬間であった。

将来の夢
　小学校の卒業文集に各自の将来の夢を記載することになった。「先生又は作家」と書いた。「先生」と書いたのは，恐らく小学校の四年，五年，六年の三年間にT.N.先生が担任だったからだと言える。先生は，背が高く，ハンサムで，三十代前半の年齢であった。授業内容までは思い出せないが，面白い授業とクラスのまとまりを大切にしていた。児童たちだけでなく，保護者の方々にも人気があった。そのような先生への憧れがあったことは確かである。「作家」と

書いた理由は定かではないが，会社などの組織に属するのではなく，自身の思いや主張が言いやすいと考えたのではと察している。良い意味では，自主独立の性格であり，悪い意味では，頑固でわがままと言える。

　先生にという思いは，大学卒業後に兵庫県の高校教員に内定してかなえた。しかし，不思議な縁で，大学院に進学し，大学教員になったのであるが，教育者への思いは貫かれてきたと言える。ただ，作家への思いは定かでない。

中学校での恩師との出会い

　中学校時代は人間形成において重要な時期であり，その時期に影響を受けた価値観が自己としての人格の中核を形成する。私の学校生活を省みる時に，中学時代に過ごした学校環境と交流できた先生の影響が人間形成の基盤であった。特に，岡山大学教育学部を卒業され，社会科担当の新任のH.O.先生からの影響が大きかった。先生は武芸の源流とされている竹内流の担い手。竹内流は戦国時代の初期に竹内久盛によって創設され,捕手,腰之回小具足,羽手（柔術），棒,剣法，十手，鎖鎌，槍，薙刀なども含む総合武術である。クラブではなかったが，同好会として先生から羽手（柔術）の型を教えてもらっていた。柔術の型には，突き，蹴り，投げ，絞めなどがあり，最初は生傷が絶えなかった。しかし，この稽古を通して相手と呼応する体捌きや業が決まる瞬間を味わったのである。この瞬間は，業の動きに双方の動きが合致し，自我を忘れる体験であった。

　この体験が，高校時代に剣道，大学時代に少林寺拳法と居合道，さらに還暦を過ぎてから弓道を始め，現在でも居合道（全日本居合道連盟範士九段），弓道（全日本弓道連盟四段),剣道（全日本剣道連盟二段）を稽古する原動力になっている。

中学校の最終課題

　中学校では，毎月の課題として生徒たち全員に作文が課されていた。入学当初から指示された課題であったので，「面倒くさい」「真面目に作文を書く気が起こらない」「学校文集に掲載される機会は無いのでは」などと思い，真剣に取り組む意識はなかった。

　三学年の十二月に中学校卒業を意識しだした頃に，急に中学校時代の自分の

証として作文課題に真剣に取り組もうという気になった。その思いを表現するために手元に残していた学校文集『飛松』を調べた。勉強ができる先輩や親しい友人の作文も掲載されていた。しかし，自分の思いをまとめるのには参考にならなかった。ちょうど国語の授業で，芥川龍之介の「トロッコ」の短編を学習したことを想い出し，熟読によって龍之介の執筆手法を把握した。さらに，龍之介の「戯作三昧」にて描写されていた馬琴の三昧状況の共感が動機になり，まとめた作文が，「中学生活をふりかえって（郷愁から）」であった（参考資料として掲載）。

　卒業記念の昭和三十八年三月の『飛松』の学校文集に掲載された。中学校時代の私にとって最初で最後の作文であった。作文が文集に掲載されたことについては，家族には話さなかった。が，卒業後数日たって友人のお母さんから母が私の掲載作文を読んで喜んでいたことを聞いた。

　「引き離される感触」は，筆者自身の最初期記憶と言えるものであり，母親に抱っこされていた生誕数ヶ月の記憶である。一般的に，〇歳から三～四歳までは「幼児期健忘」と言われ，多くの成人たちは，記憶内容が乏しい時期である。しかし，筆者にとっては，この記憶は「私」の存在を覚知した原点である。そして，小学校卒業時に「将来の夢」として記載した「先生」になることが，中学校，高校，大学での学校生活における「目的」であり，これまで生きてきた社会的役割であり，自己創りの軌道であった。このような軌道を筆者が走り続けることができた原動力が中学校時代での恩師との出会いであり，その出会いによって形成されてきた武道の精神性である。さらに，中学校時代に過ごした中学校の自然環境であったと言える。

おわりに
　本小論では筆者の自伝的記憶を想起しながら自己創りの関連と意義を考察してきた。筆者の脳内ノードの読取とリンク作業は，生きている限り持続する。これまでのノード情報は，これから繰り広げられる脳内天空のプレビューの星

たちに過ぎない．現在，高齢期であるが，青年期，成人期も想定すると，脳内に蓄積されているノード情報は，満天の星の如く数えきれない．時々，思い出しては，流れ星のように消え去る．しかし，それらの自伝的記憶のノードを天空の星座のようにオリオン座，おおぐま座，カシオペア座と名付けると，自己の覚知，時代の共通体験，時空を超えた情報交換，ロマン感の誘発，芸術文化の創造などの意欲が生み出される自己創りの生命の躍動に触れる意義がある。

参考資料（文中の詩は 千家，1965）

中学生活をふりかえって（郷愁から）

三年十一組　中村　哲

いつだったろうか、
あれは試験が、終わった日だった。
普通だったら
「わぁーい、試験が終わった。終わったでー。」
「映画行こう。」などといって、騒ぎその日を終え、今までのことを
忘れようとする、おれだった。
しかしあの時は、むしょうにひとりになりたかった。─孤独を求めていた
─苦しかった。さびしかった─
校地へ行ってみた。
ベンチ
一本松
テニスコートにも
・・・・・・・
いない
ひとり　おれだけだ
ごろん
うろこ雲

　目をつぶった
・・・・・・・
さあ
ふと　おれは目をあけた
流れていく　落葉が
太陽を受けアカシアの葉が流れていく　みんな流れていく──
・・・・・・・・
　すわっていた
　じっといやぼーとすわっていた
（動くことができなかった。動く気がしなかった。）
　美しかったなあーと思った。
　抵抗を感じなかった─反抗ができなかった。─心の中の感情と、
この秋の校地の情景がくりひろげられた様子に、共通した何かが、
ただよっているように感じた。その感じの中にとけていた─私の心の
中の重い物に気がつかなかった。わすれていた─
　この日から、私は校地を愛した。
好んで、校地へ行った。
絵をかいた。詩を作ってみた。考えた。
　自然と接している。私は、なんだかおれでないような気がした。
校地を流るる水、天に向かってのびる木々、うずくまっている
大きい石・・・・・。
　そのような、自然の物たちに溶けていくように感じられた。
自然の物たちと同じだと思ったこともあった。
　こんな状態にはいっていると、ちょうど、まだ幼きころ母に負われて、
甘えていた時のような気持ちに似ているようなものがわいてくるように思
われてきた。
　そんな気持ちに浸っていると、いやに昔が、なつかしく思われてきた。
　人を泣かせば　兄のところへいき

人に泣かされれば　兄をつれていき

金をくれ

刀を買え

母に泣きじゃくり

すもうに　負けろと

父にたのみ

・・・・・・・

「ごめんね。」

「ありがとう。」といった。

そんな姿が

　と同時に、人間というものは、成長するにつれて、体裁とか、みえとか、何か、そんなものでだんだんあのような心がにごされていくのでは？と思った。

　成長からにげたくなった。しかし・・・・悲しくなってきた。

　詩を読んだ。千家元磨の詩を読んだ。

　　　　　　桐の花

　　草原に

　　桐の花が零れていた

　　美しいと思った

　　拾って匂いを嗅いで歩いた

　私は思った。

二十になっても、六十代に老いても、いくつになってもあのような心

―自然と接している心（単純・素朴・童心のような心）美しいと

思えば、美しいとすなおに感動を表現できる心―

　そういう心の美しさをもとうと思った。苦しい時・困っている時・

かなしい時・・・・・には、あのような心の美しさに帰ろうと思った。

　また、人間のほんとうの美しさ・人格・価値―人間全体―の成長は、

そんなところから生まれるのではないだろうかなあーと感じた。

引用・参考文献

神戸市立飛松中学校『飛松』1963年3月，pp.1077-1079

佐藤浩一・越智啓太・神谷俊次・上原泉・川口潤・太田信夫「自伝的記憶研究の理論と方法(2)」『日本
　認知科学会テクニカルレポート』2005，p.5

佐藤浩一・越智啓太・下島裕美「自伝的記憶研究の理論と方法(6)」『日本心理学会第72回大会発表論文
　集』2008

佐藤浩一・越智啓太・下島裕美編著『自伝的記憶の心理学』北大路書房，2008

千家元麿，武者小路実篤等編『千家元麿全集 下巻』弥生書房，1965，p.92

山田義裕「〈わたし〉は記憶でつくられる──自伝的記憶をめぐるはなし」『The Northern Review』(38)，
　2012，1-26

山本晃輔「重要な自伝的記憶の想起がアイデンティティの達成度に及ぼす影響」『発達心理学研究』26
　(1)，2015，70-77

特集◎自己を創る──自己教育に取り組む姿勢と力を

●

自己教育力を培う
自己調整力と自己評価力

●

古川　治○ふるかわ　おさむ

はじめに

　教師なら誰しも，一生涯を通して主体的に学び続けていける自己学習能力の高い人間の育成を目指し教育指導を行うものである。自己教育力が論じられるようになったのは，ユネスコの生涯学習論を受け，1983年中央教育審議会（以下中教審）（第13期）「教育内容等」小委員会で『審議経過報告』が提言されてからである。次に，1996年の中教審「21世紀を展望した我が国の教育の在り方について」（第一次答申）では「生きる力」が答申され，「自分で課題を見つけ，自ら学び，自ら考え，主体的に判断し，よりよく問題を解決する資質や能力の育成」が示され，2003年の中教審答申でも引き続いて提案された。さらに2016（平成28）年の中教審「初等中等教育における教育課程の基準等の在り方について」では，自己学習能力を育てるため「学びに向かう力・人間性の涵養」として引き続き自己教育力が提案され一層強調された。

　日本における「自己教育力」の研究の蓄積は，1980年代初頭から波多野誼余夫や梶田叡一などによって行われてきた。変化の激しい現代社会において学校で学ぶ知識や技能だけでは不十分で，生涯学習の基盤となる「主体的に学び続

ける力」を身に付けなければならないからである。学校で詰め込まれた知識・技能ではなく，関心・意欲という動機づけに基づき生きて働く自己学習力を身に付け，社会に出てから，社会の義務や役割を退いて仕事も肩書きもなくなった年齢まで，生涯自ら学んでいく力の基盤を育てることが学校教育に求められるようになった。日本人の平均寿命は男性82歳，女性が88歳（令和2年調べ和田，2022）で，「人生百年」時代に入り健康寿命（心身ともに健康でいられる年齢）で過ごせる間は，生涯学習を続けることが可能な時代を迎えた。定年退職後も，自らの興味・関心や趣味に基づいて，書・歌・絵・俳句・お茶・生け花・武道・札所巡り・写真・歴史研究等々生涯学習を生き生きと続けている方がいる。その基盤を学校教育で整えておかなければならない。

　2022年春から少年時代の歴史好きが叶って県立高校の地歴・公民科の教師になるある大学の学生はその理由を次のように語っている。「私は社会科が好きで，歴史は格別です。小学生の時，歴史好きの祖父に関が原古戦場跡に連れて行ってもらいました。400年前天下分け目の合戦があったこの地に自分がいること，当時の人々が吸っていた空気を自分も吸っていることに感動したことを覚えています。『歴史って面白いんや，この面白さを他の人にも伝えられたらいいな』という気持ちが社会の先生を目指すきっかけになったと思います」と幼少時代から教師になるまで歴史を夢中で学んだ過程を綴っている（甲南大学教職教育センター編，2022，p.70）。関が原古戦場跡に連れて行った祖父も優れた生涯学習者であるが，小学校時代から自己学習能力を高め続けた学生の姿勢も優れたものである。それでは，どうすれば自己学習能力の高い学習者を育てられるのか。本稿では，自己学習能力について，「学びに向かう力」（主体的に学習に取り組む態度）の育成を提案した2017年学習指導要領，2019年指導要録の自己調整学習や自己評価を通して考えてみたい。

1　調査結果に見る低い自己学習能力の現状

　2000年からスタートした経済協力開発機構（OECD）実施の国際的な学力調

査（PISA）では，2003年，2006年と日本の生徒の学力は読解力を中心に低下し続け，「PISAショック」として教育関係者に衝撃を与えた。国際的に見たときの学力低下，学力格差の拡大とともに学習意欲の低下は学力問題として社会的な課題になった。全国的に実施した学習意欲に関する調査研究はないが，国際教育到達度評価学会（IEA）のTIMSS（国際数学・理科教育動向調査）2011年調査（数学・理科），OECDによるPISA学力調査結果によると，2009年以降の日本の生徒は上位の成績を収め，数学や理科などは「できる」と評価されているが，興味・関心のアンケートではそれらの教科が「嫌い」と回答した割合は参加各国の生徒と比べて最も多く，懸念される。

　この学習意欲の問題に関して，藤沢市教育文化センターは1965（昭和40）年から5年ごとに中学3年生を対象に，生徒の学習に関する意識の変遷を「学習意識調査」として2015年まで実施してきた（藤沢市教育文化センター，2016）。経年資料を基に勉強への学習意欲の変化を把握し，主体的に学ぶ力の育成の現状について考えたい。同センターの分析概要によると，「もっと勉強をしたい」と答えた生徒の割合は，1965年は65.1％であったが年々低下し2000年には23.8％と過去最低を記録したが，2015年には31.3％と回復傾向を示し，1995年の水準に回復した。次に，「勉強はもうしたくない」と答えた生徒の割合は1965年には29.7％であったが，2000年は46.9％，2010年には51.4％と増加傾向を示した（図1参照）。

　さらに「もっと勉強をしたい」と答えた生徒の理由別の変化を2010年と2015年とで比べると（グラフは省略）「自分の将来や夢や生活のためになるから」19.4％→14.0％，「進学や受験のためになるから」49.1％→56.0％と変化している。「自分の将来のためにもっと勉強したい」という生徒が減り，「進学や受験のためになるから」という他律的で外発的動機づけによる生徒が増加しているといえる。

　学習意欲面では，「もう勉強はしたくない」と答えた生徒の割合も増加しており（図1），経年変化から学習意欲の「二極化が進んでいる」と分析している。詳細を見ると，「学校の勉強についていく自信」は低いままの横ばい状況で，

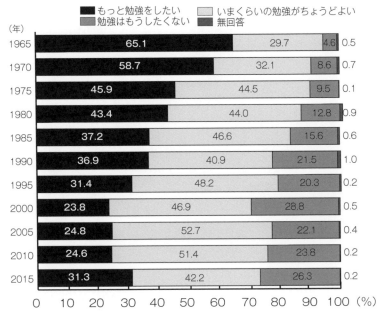

図1　50年間の「学習意欲」調査の時系列
（藤沢市教育文化センター，2016）

2010年以降「勉強の意欲」は高まったが，その動機は外発的な「受験の準備」である。自己学習能力で求められる「興味や関心のあることを学ぶこと」，「人との学び方を学ぶこと」，「自分の生き方を見つけること」など自律的で内発的な動機づけや自己を育てることが依然課題であることを示している。

　同様の実態調査として神藤貴昭は，2014年にベネッセ教育総合研究所が実施した「何故学習するのか」という学習動機に関する調査（速報版）を紹介し（神藤，2017，p.24），内発的な動機づけでなくても自己調整する学習の必要性を指摘している。調査結果によると，「生活に役立つから」が13.6％，「世の中に役立つ人になりたいから」16.3％，「将来いい高校やいい大学に入りたいから」が42.8％と藤沢市教育文化センターの結果と同傾向を示し，調査から学習への動機づけの理由を，「社会と関わる動機づけは低いが，自分の将来と直接関わ

ることと連動した動機づけは高い。」と分析した。これまで動機づけでは，外から学習を強いられる外発的動機づけより，自ら進んで取り組む内発的動機づけの方がすぐれていると教育界では追い求めてきたが，実際は内発的動機づけに加えて何かを目的とした外発的動機づけがかなり機能していることが読み取れるとしている。神藤は，「これまでは教材の工夫といったことによる内発的動機づけのみが奨励されてきたが（これはもちろん重要だが），外発的動機づけの一つである同一化調整（自分にとって重要だから）による学習が注目されている。小学生から中学生・高校生と発達するにつれて，内発的動機づけだけではなく，自分にとって重要だから勉強しようという外発的動機づけである同一化調整が重要になってくると考えられる」（神藤，2017，p.24）として2017年中教審で提案された「自己調整学習」の必要性を指摘している。

2　指導要録に設けられた「主体的に学習に取り組む態度」の観点

(1)「主体的に学習に取り組む態度」の新設 ……………………………

　2016（平成28）年，中教審答申「初等中等教育における教育課程の基準等の在り方について」は，自己学習能力を育てるため「学びに向かう力・人間性の涵養」を提案し，その力を見取る観点として従来の「関心・意欲・態度」に代わって，「主体的に学習に取り組む態度」を答申した。今回，中教審は学習指導要領の目的を，「知識及び技能」，「思考力・判断力・表現力等」，「学びに向かう力・人間性の涵養」と設定し，後半で「初等中等教育における教育課程の基準等の在り方について」と評価に踏み込んで答申した。

　①「学習評価の意義」では，学習評価は「子供たちにどういった力が身に付いたか」という学習の成果を捉え，指導の改善を図るとともに，子供たちが自らの学びを振り返って次の学びに向かうことができるようにするために，「教育課程や学習・指導方法の改善と一貫性を持った改善が求められる」と「カリキュラム・マネージメント」の中に位置づけた。

　②その上で，観点別評価ではこれまでの4観点から「知識・技能」，「思考・判断・

表現」,「主体的に学習に取り組む態度」という3観点に整理した。2007年の学校教育法30条の改訂で追加した学校教育で重視するべき学力の3要素「知識及び技能」,「思考力・判断力・表現力」,「学びに向かう力・人間性の涵養」と整合性を図った。

③「評価の留意点」では，育成すべき資質・能力としての「学びに向かう力，人間性」は感性や思いやり等幅広いものが含まれ，これらは観点別評価になじむものではないことから，評価観点としては，「主体的に学習に取り組む態度」として設定し，「感性や思いやり等については観点別学習状況の評価の対象外とする必要がある」と峻別し，個人内評価（文章評価）を重視した。

加えて，「主体的に学習に取り組む態度」と資質・能力の柱である「学びに向かう力，人間性」の関係について「学びに向かう力，人間性」には，①「主体的に学習に取り組む態度」として観点別評価を通じて見取ることができる部分と，②観点別評価や評定になじまず，こうした評価では示しきれないことから個人内評価（個人の良い点や可能性，進歩の状況について評価）を通して見取る部分があることに留意することと説明（中央教育審議会初等中等教育分科会教育課程部会，2016，pp.60-63）した。

(2)「自ら学習を調整しようとする態度」と「粘り強く学習に取り組む態度」の評価‥‥‥‥‥‥‥‥‥‥‥‥‥‥‥‥‥‥‥‥‥‥‥‥‥‥‥‥‥‥‥‥

中教審答申を受けた中教審ワーキンググループ（WG）の報告書「児童生徒の学習評価の在り方について」は，「主体的に学習に取り組む態度」を「主体的に学習に取り組む態度の評価については，①知識及び技能を獲得したり，思考力・判断力・表現力」等を身に付けたりすることに向けた粘り強い取り組みを行おうとする側面と，「粘り強い取り組みを行う中で自らの学習を調整しようとする側面という2つの側面が求められる。」と「学習を調整しようとする態度」と「粘り強く学習に取り組む態度」の評価の二つの側面に分けた。

つまり，これは関心・意欲・態度の評価だけではないことを示している。「粘り強い取り組みを行おうとする側面」は車でいえばガソリン（エネルギー）で

あり，「自ら学習を自己調整しようとする側面」は車のハンドル操作のスキルということになる。これらは「自己調整学習」という学習観に関わるものである。WG の報告書では「自己の感情や行動を統制する能力，自らの思考の過程を客観的に捉える力」と説明している。つまり，何がわかっているのか，何がわからないのかを振り返り，次にどうしたらできるようになるのか自らの学習過程を客観的に自己評価し，次の見通しを持って自己調整していく，いわゆる「メタ認知能力」の育成ということである。これまでのような挙手の回数やノートの取り方などの形式的な関心・意欲の評価活動ではなく，これまでの誤解を払拭するため，「主体的に学習に取り組む態度」としたものであると書き加えている。これまでの内発的動機づけだけでなく，外発的動機づけであっても同一化調整（自分に役立つから，大事だから）などの方法で学業成績を高めることができる自己調整が有効であり，積極的に活用することが求められるようになった。

3　自己調整学習における自己省察

　それでは，「自らの学習を自己調整しようとする側面」として注目された「自己調整学習」（Self-Regulated-Learning）とはどのようなものか。1990年代のアメリカ心理学会以降発展したジマーマン（Zimmerman, B）たちの自己調整学習を日本に紹介してきた伊藤崇達は，「自己調整」を「学習者がメタ認知，動機づけ，行動において自分自身の学習過程に能動的に関与していること」で，「このようにして進められる学習が自己調整学習であり，自己調整学習方略，自己効力感，目標への関与が重要な構成要素としてとらえられている」と定義（伊藤，2012，p.31）している。

　「自己調整学習」は，学習の見通しを計画的に立て，学習したことを自己評価し，振り返りを生かした学習を再計画する自己調整のサイクルによる学習であり，今回の学習指導要領，指導要録で従来の「関心・意欲・態度」に代わる能力として提案されたものである。

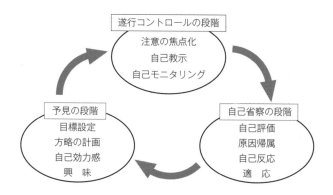

図2　自己調整学習における3段階の過程（伊藤，2009，p.4）

　自己調整学習のプロセスは図2のように「予見の段階」，「遂行コントロール
の段階」，「自己省察の段階」の3段階の循環的なプロセスで考えられるとして
いる。

　伊藤（2009）は自己調整学習の段階を，「予見の段階」では，学習者が実現
できそうな目標を設定して，「できそうだ」という自信を持ち自己効力感を高め，
「面白そうだ・やってみたいなという興味・関心の準備段階からどのように学
習を進めていくか計画を立てる」こと。次に「遂行コントロールの段階」は学
習中に生じる注意や活動に直接影響を与える自己調整の学習方略の過程である。
物理的環境の最適化としては，「学習参考書を準備し，机のまわりを学習しや
すい環境に整え自ら学ぶ状況を作る」こと。社会的環境としては，「学習の進
んでいる友人からサポートしてもらう，教え合いや学び合いによって自らを高
めていこうとする」こと。「自己省察の段階」（メタ認知）とは，「学習者が学
習プロセスのさまざまな段階において計画を立てたり，進み具合などをモニター
し自己評価をすること」をさし，遂行後に生じる自らの努力の過程を自己評価
するプロセスである。自己調整学習では，自己を動機づけ，自らの学習を自己
調整していき，学習成果を自己評価して成功や失敗を自己分析し，次の予見に

反映させる Plan（計画）−Do（実行）−See（評価）サイクルの学習方法が注目されている。そして伊藤（2009）は自己調整学習を，「メタ認知，動機づけ，行動の面で自己調整の機能を働かせながら学習を進めていくありかたのことである」と取りまとめている。

　自己調整学習で留意しなければならない点がある。自己調整学習の研究実践では，先生や親から言われるから学習する，いい大学に入りたいから学習するという外発的動機づけが多いだけに，「どのように自己調整して学ぶか」という学習方略の研究が多く，「何故学ぶのか」という内発的動機づけに関する研究が少なくなる。それだけに，同一化調整からさらに内発的な調整の過程に如何に移していくかということが課題になる。伊藤も「自己省察の段階」の重要性について，「学習者は自己評価という重要なプロセスに携わるようになる。自分の学習成果が基準をどのくらい満たしたかについて自己評価をし，そしてなぜうまくいったのか，あるいは，なぜうまくいかなかったのかについて考える（原因帰属）。自分の能力や努力によって成功したと考えれば，肯定的な自己反応をもたらすであろう。方略に問題があれば，修正がされるであろう（適応）。『自己省察の結果』は，次の『予見』の段階に反映されていく」（伊藤，2009，p.5）と自己調整学習における自己評価の重要性を述べている。自己調整過程を計画的に調整し，学習者が自己学習能力を高めていく学習途上のスプリングボードになるのが「メタ認知」としての自己評価活動なのである。

　横浜国立大学教育人間科学部附属横浜中学校（現 横浜国立大学教育学部附属横浜中学校）は新しい指導要領が「指導に当たっては，生徒が学習の見通しを立てたり学習したことを振り返ったりする活動を計画的に取り入れるようにすること」と示されたことを受けて，「『見通す・振り返る』学習活動」として2014年度から先進的に研究開発実践を行っている。横浜中学校は，授業展開の中へ「結果の見通し」「過程の見通し」，そして「結果の振り返り」「過程の振り返り」（横浜国立大学教育人間科学部附属横浜中学校編，2015，pp.14-17）を位置づけている。「結果の見通し」とは到達すべきゴールを見据え，これから始まる学習をイメージし「めあて」を意識し知的好奇心を喚起することであ

る。「過程の見通し」とはゴールに到達するための手順を把握し，方法や手立てを考え学習方略を形成し，いっそう学習意欲を継続させ自己効力感を向上させようとするものである。他方，「結果の振り返り」は学習を通してできるようになったこと，わかるようになったことを整理し，学習で得られたものの意味や価値を意識化する作業である。「過程の振り返り」とは有効な学習方法に注目し身についた力がどんな場面で使えそうかを考え，要点を把握することである。このように，結果の振り返りだけではなく，どのように学んだかという両面から自己評価がなされることにより，次の進むべき学習姿勢を形作ることができ，メタ認知が深められ自己調整学習が促進されるという研究である。「見通す・振り返る学習活動」を重視し思考力・判断力・表現力の育成や主体的な授業づくりの実現の先進的な研究の継続が期待される。

4　自己学習能力を高める自己評価活動の機能

　1980年代初頭，静岡大学附属浜松中学校は梶田叡一の指導を受け，自己学習能力の育成に取り組んだ。どうすれば自己学習能力が育つかに取り組み，梶田の二つの提言を目標とした。一つめは「これから学ぶ新しい教科の学習の意義（「何故，自分はこの教科を学習しなければならないのか」を学年初めのライフセミナーで認識する）を自覚し，自ら積極的に学んでいこうとする意欲や姿勢を育てる」ようにする。二つめは，「その意欲や習慣などの情意面を支える教科としての基礎的知識・技能や教科としての自己評価の力といった認知的・技能的な能力である」（梶田・静岡大学附属浜松中学校編著，1984，p.15）であり，この提言を受け実践研究をした。つまり，自己学習能力を育てるため，それを支える自己評価能力を高め，さらに新たな学習計画に生かし，学力保障と成長保障を図ったのである。自己評価は学習者の内面に関する手軽で便利な評価手法だけではない。梶田は自己評価活動の意義を，「単なる評価手法を超えた教育そのものの重要な手立てとして，特に人間形成の上で土台になる部分の教育を進めていくための手立てとして本質的な意味を持つといっていい」（梶田，

1994, pp.219-220）と述べ，その心的過程の５段階を次のように示している。

第１段階は，自己の対象化である。自分自身を振り返り，自分なりに吟味する機会を提供することで，自己を対象化してみる機会が持て，メタ認知を成立させるきっかけを与えることになる。第２段階は，自己評価を独りよがりの自己満足ではなく外的基準に基づき，実施するなら客観的で妥当な自己評価を持つことが可能になると言うことである。教師の模範解答，教師とともに作るポートフォリオ評価など自己評価の中に外的で客観的な視点を入れていくことも重要である。第３段階は，自己評価カードなど自己評価のために設定された項目や観点に沿って吟味し，これまで意識していなかったことに新しく気づき，またそこに潜む問題があれば，明確にすることができることである。第４段階は，自己評価は自己感情を喚起し，深化する点があるということである。自分自身を点検・吟味していく中で，自分についての満足感，不満足感等が生まれてくる。このような感情を深めていけば，自己満足や自負や誇り，自信や効力感，あるいは無力感や自己不全感などに至る。第５段階は，一人ひとりが自らの次のステップについて新たな決意，意欲，希望を持つという期待に繋がっていくことである。このような認識を持って，自己評価活動を進めていくならば，学習だけではなく人間教育を形成する土台としての役割を果たすことができる。

5　自ら自己調整する習慣を培い，主体的に生きていく力を

以上のように自己評価は学習者の内面を理解する教育方法としての評価手法だけではなく，人間形成の土台になるものであり，小学校時代から特に青年期まで計画的に育てていかなければならない。小学校低学年は，指導者側が自己評価カードなどに評価基準を示して予め項目を設定しておくとよいが，高学年・中学校時代になると評価観点を自ら設定して自己評価し，新たな学習やキャリア選択や自己の在り方などについて振り返らせることが重要になってくる。振り返り活動は大人になると学生時代のように教師から指導してもらえなくなり，自らと対話し，自ら方針や生き方を自己選択・自己決定しなければならなくなる。

教育学者の安彦忠彦が，「評価は本来自己評価である」（安彦，1987）と言うのは的を射た表現である。主体的に学ぶ自己を育てる基盤づくりについて梶田は，「自己を見つめ，自己と対話し，自己を表現することが大切である。自己自身を深く知り，自己自身との対話を深め，自分自身を的確に表現できるようになること。自己凝視，自己対話，自己表現の三つが相互に関連して深まってほしい。」（梶田，2020，p.228）と述べている。この自己凝視から自己表現へ向かう中間的位置にあり，自己と対話し，既知と未知との葛藤を調節し，自らを自己コントロールし，次の自己の学習のプロセスを導き出す機能を果たすのが自己評価活動である。このような活動を通して主体的な姿勢を持続させ，一生涯をかけて自己実現が徐々に実現していくのではないだろうか。なにも自己評価カードに常に記入する必要はない。毎日の日記や同級生からのアドバイスや友人への電話や手紙などを通して，自らを自己開示することで振り返りが深まっていく。人生百年時代を迎え生涯学習を続けることが可能な時代に入った現在，小学校時代から内発的動機づけだけでなく，外発的動機づけである同一化調整等に基づいて，自らを自己調整する習慣を培い，主体的に生きていく力を身に付ける教育を実現したいものである。

参考文献

安彦忠彦『自己評価』図書文化，1987，p.82

中央教育審議会「幼稚園，小学校，中学校，高等学校及び特別支援学校の学習指導要領等の改善及び必要な方策等について（答申）」2016，pp.60-63

中央教育審議会初等中等教育分科会教育課程部会「児童生徒の学習評価の在り方について（報告）」2019

藤沢市教育文化センター「第11回『学習意識調査』報告書」2016

伊藤崇達『自己調整学習の成立過程』北大路書房，2009，p.3，p.5

伊藤崇達「自己調整学習とメタ認知」自己調整学習研究会編『自己調整学習』北大路書房，2012，p.31

梶田叡一『教育における評価の理論』1，金子書房，1994，pp.219-220

梶田叡一『生き方の心理学』（自己意識論集Ⅳ），東京書籍，2021，p.228

特集◎自己を創る──自己教育に取り組む姿勢と力を

梶田叡一・静岡大学附属浜松中学校著『自己学習能力の育成』明治図書出版，1984，p.15

神藤貴昭「『自己調整学習』論の可能性」『立命館教職教育研究』4号，2017，p.24

甲南大学教職教育センター編『甲南大学教職教育センター年報』 2022，p.70

和田秀樹『80歳の壁』幻冬舎新書，2022，p.17

横浜国立大学教育人間科学部附属横浜中学校編『「見通す・振り返る」学習活動を重視した授業事例集』

　学事出版，2015，pp.14-17

特集◎自己を創る──自己教育に取り組む姿勢と力を

●

自己に向き合い，
それを形成するということ
心理学研究の知見から

●

中間 玲子○なかま れいこ

はじめに

　私たちは「私」あるいは「自分」としてこの世に存在している。私たちは生きている限り，その「私」・「自分」であることから離れて存在することができない。人生すべてにわたって私はこの「私」，この「自分」なのであり，その「私」・「自分」として存在し続ける。ならば，この「私」，この「自分」であることを存分に楽しみ，喜ぶことができるような，そんな自分でいられたら。きっと，人生はすばらしいものになるだろう。

　そのような「私」・「自分」の問題は，伝統的に「自己」の問題として議論されてきた。自己は，生まれた時から存在するというわけではなく，経験によって形成されるものである。では，それぞれの自己はどのようにして形成されたのだろうか。そして私たちは，自分たちが望む自己を形成していくことは可能なのだろうか。そのことについて，心理学的研究の知見を紹介しながら，考えてみたい。

本論で焦点を当てる「自己」について

　本論に入る前に，私たちが生きる上でなぜ自己の問題が重要となるのかをおさえておこう。

　萩尾望都の作品に『イグアナの娘』という物語がある（萩尾, 2000）。主人公はリカという女の子。リカが生まれた時，母親は自分の生んだ我が子がイグアナであることを知って悲鳴をあげる。実際にはかわいらしい人間の女の子として生まれているのだが，母親にはイグアナにしか見えず，忌避すべき存在に感じている。リカ自身にも自分はイグアナに見える。母の振る舞いも相まって，リカの中で，自分がイグアナであるという信念は揺らぎないものになっていく。リカは成績も優秀で皆の目を引く美しい娘に成長しているのだが，自分をイグアナだと信じているリカは，他者からの賛美をからかわれているだけとしか思えない。幼い頃から続く母からの仕打ちも，自分がイグアナだから仕方ないととっくの昔に受け入れている。リカは，イグアナなのにヒトの世界で生きねばならないことを嘆き，この自分としてどう生きるかを模索し続ける……。

　やや深刻過ぎる例かもしれないが，自分が何者であるかということが，その人が生きる上で非常に大きな影響を及ぼすこと，そしてその内容は，自分について，自分自身でこうだと信じているものであることをおわかりいただけたことだろう。私たちは自分がとらえた自己を参照点として，それと対応するような世界を生きており，自己に即した行動を重ねている。

　このような，私たちがとらえている自己に関する概念は，"自己概念"とよばれる。私たちが経験を通して心の中に形成してきた，自分が何者であるかを自分なりに定義するような自分についての概念である。

　本論では，このような，「その人にとっての自己」に焦点を当てる。私たちが自己を意識するとき，そこには，「行動の主体としての自己（＝主体としての自己，主体的自己）」の側面と，「意識の対象として客体化された自己（＝客体としての自己，客体的自己）」の側面という，二種類の自己が同時に存在す

る。私たちが自己について悩んだり思いを巡らせたりしている時，その自己と
は，客体的自己である。「悩んだり思いを巡らせたりしている主体」について
考えていても，それはやはり客体化された瞬間，客体的自己となる。

私たちの「自己」はどのように作られたのか

（1）自己は経験によって作られる ……………………………………………
　そのような客体的自己を，私たちはまず，過去経験をふり返ることからとら
えている。「今日こんなことがあったよ」と子どもが親に語る場面で，自分が
どのように行動したのか・どのように感じたのかなど，自己についての語りが
生じることは珍しくない。その話の聞き手がその出来事から子どもの自己を
言語化することも少なくないだろう。たとえば幼稚園からの帰り道，子どもA
が「今日，Bと砂場で水を流して遊んだ」という内容を語るという具合である。
そのようにして，私たちは自分の自己を知っていく。
　ここで強調したいのは，その経験のおそらく大半の時間，Aの注意は，自分
以外に注がれていたということである。Aが実際にその遊びをしていたとき，
Aは，砂に手を突っ込んでその感触を楽しんだり，砂で何かを作ろうとBと一
生懸命やりとりをしたり，バケツに水を汲んで砂場に運んだり，流しこんだ水
の冷たさに興奮したりと，砂や水やBとの関係に夢中になっていたことだろう。
経験過程において自己を対象としてとらえる必要などない。だがこの過程にお
いて，私たちは自己を知覚している。だからこそ，振り返った時にそれを自己
の行動としてとらえることができるのである。
　ナイサー（Neisser, 1988）は，このような，環境や他者との関係において直
接的に知覚される自己を，"生態学的自己"，"対人的自己"という言葉でとら
えた。心理学で"知覚"という場合，注意を向けられないために意識に上がっ
てこないものも含むため，「知覚される」としても，必ずしも「意識される」
わけではない。生態学的自己，対人的自己において知覚される自己とはまさに
それで，明確に意識してはいないのだが，環境や他者をとらえることと並行し

て，自己を知覚する行為も実は成立しているのだと，そのように考えるのである。

　たとえばAが「バケツに水を汲んで砂場に運ぶ」という行為を行うとき，まず，少し離れた水道のところに移動しただろう。その時Aは，自分の周りの風景は後ろに流れ，そして，遠くにあった水道の蛇口がどんどん近づいてくるというのを目にする。そのような情報から，Aは自分が移動していることを同時に知覚している。水道の蛇口が少し高いところにあるならば，Aは，ややつま先立ちになって手を伸ばして水道の蛇口をひねるだろう。このとき，水道との高さとの関係の中でAは自分の身長を自動的に知覚している。水道の蛇口をひねるときには，Aは，自分がそこから水を出すことができることを知覚しており，それに即した力の入れ具合で水道の蛇口をひねっただろう。Bとのやりとりでは，Bが嬉しそうにしていたり，Bが自分とは違う意見を言ったりするのを聞きながら，自分が相手に受け入れられていることや自分とBとがそれぞれ違う内面をもっていることを経験しているだろう。

　このように，私たちは自己を意識の対象としてとらえずとも，環境や他者との関係の中に自己を知覚しているのである。この主体として感じられる直接的な自己の知覚には，汗をかいている，疲れた，楽しいなど，自己がそこに存在し，活動していると感じられる体感も含めてよいだろう。

（2）自己の形成には認知の過程が伴う

　私たちはこのように，日々の生活の中で環境や他者と関わり，環境や他者に向き合うことを通して，主体的存在としての経験を重ねている。そして外へ向かっていた意識が自己へと折り返された時，私たちは知覚していた自己を意識的にとらえることができる。出来事の中に存在していた主体的自己が，客体化されるのである。

　ナイサーはこれを，"想起的自己"とよぶ（Neisser, 1994）。想起的自己は実に多岐にわたる。先ほどまで人と会話をしていた自分を振り返ることもあれば，そこから明日会ったときにはこうしようなど，未来の自分を思い描くこともあ

る。その時直面した状況に触発されて，普段は忘れていた自分のことを思い出すこともある。そこでとらえられる過去の自分が現在の自分とかけ離れているとしても，私たちはそれらを今の自分と同じ存在だととらえている。いずれも自己の記憶である。想起的自己はそのような，自己というものが現在の瞬間を超えて持続するものだという意識に基づいている。そしてその源泉は，環境や他者と関わり合った過去の経験である。

それら想起的自己から，自分の基本的属性や性格的特徴，身体的特徴，能力的特徴，価値観や信念など，自己についてのある安定した知識が保持されるようになる。これがナイサーが"概念的自己"とよぶところであり，先に述べた自己概念である。

自己概念は，無数の想起的自己の情報から形成されているが，それがそのまま機械的に集約されているわけではなく，それらのうちいずれを重要なものとするか，どれとどれが関連するものとするか，など，独自の仕方が施されて構成されていると考えられる。自己概念は構成要素の内容のみならず，その構成の仕方もそれぞれ独自なのである。認知心理学の領域では，蓄積された無数の自己の記憶は，自己以外のものとも結びつきながら独自の情報ネットワークを形成していると説明される（Markus, 1977）。

そして自己概念には多くの場合，言語化が伴う。自己というものは目にみえないし，さわることもできない。それを言葉によってとらえることで，自己の内容が現れる。経験のどの側面に注目するのかとともに，そこに存在する自己にどのような言葉を当てるかによっても，自己概念はずいぶん異なったものとなる。臆病なのか慎重なのか，がさつなのか大らかなのか，スリムなのかガリガリなのか。このように，環境や他者との関わりの中に存在する自己が，数多ある言葉の中からある言葉を与えられることによって，現れ出たものが自己概念を構成している。ある意味，トップダウン的に解釈を付与する過程がそこには伴うのである。

私たちの自己は，実際の経験を基盤としながらも，私たちが自己をどのようにとらえるかという，認知過程の影響をかなり受けながら形成されている。

私たちが「自己を作る」ことは可能なのか

　私たちが日々向き合う自己は，自己に関わる経験から構成されたものであることを見てきた。一方で，私たちの自己は，いったん形成されると，経験過程を規定する作用をもつようになる。

　だが私たちは自分を変えようとして行動することがある。そして実際に，その行動の結果として，それまでとは違う自分になることもある。そのような，それまでとは違う自分を作る営みは，いかにして可能になるのだろうか。

（1）自己意識から解放された経験 ……………………………………………

　私たちの自己概念は，私たちが世界に向き合う際の足場となっている。そのため，自己概念が揺らぐことには大きな不安が伴い，私たちは無意識のうちに変化に対して抵抗してしまう。たとえその変化が自分の望むものであっても，である。自己に備わるこの性質は，安定した自己概念を守ってくれる一方で，自己を変えたいと思う者にとっては少々やっかいなものである。

　ただ，望ましい自己の情報は，それが自己概念に組み込まれないとしても，情報として受け取られていること，また，それによるポジティブ感情は経験されることなどが明らかにされている（Baumeister, 1998）。

　ならば，望ましい自己を知覚させるような経験をさらに蓄積させていくことが一つの手立てになると考えられる。とりわけ，課題や他者に高度に注意を集中させる経験は，自己概念を参照点とする程度が弱い中で展開されるものであり，既存の自己概念を更新する経験となる可能性が高いと予想される。

　たとえばフローとよばれる経験過程をあげることができる。フローとは，人が全人的にある行為に没入している時に感じる，包括的な，「流れるような」感覚であり，内発的に動機づけられた自己の没入感覚を伴う楽しい経験過程である。その際，自己意識は消失しており，他者と区別された自己でありながら，他者や世界と結合した自己でもあるという状態にあるとされる。自己として

存在しながらも，環境や他者など，自己以外のものに意識の多くを注ぐことによって，環境や他者との関係において自己を創発することが可能になるのだと考えられる（チクセントミハイ 今村訳, 1990）。

このような経験の中で知覚された自己は，既存の自己概念を更新するような異質なものであることもあろう。それが即座に自己概念に組み込まれる可能性は低いかもしれない。だがその自己が知覚された経験は記憶の中に蓄積され，重要なものとして意識化される日を待つことになろう。

まずは，それまでとは違う自己が経験世界に立ち現れ，その自己として実際に行動したという出来事を蓄積していくことが重要と考えられる。

（2）理想自己の認知……………………………………………………………

自己概念は経験過程を規定し，自己形成の可能性を制限する。だが，その自己概念にも，自己形成を促す可能性が胚胎している。

自己概念の内容を自由回答によって検討する研究結果を見ると，願いや望み，将来への意欲などが回答カテゴリーに見られることが少なくない。私たちの自己概念は，過去の自己を基盤としながらも，きっとこうなっている，いつかああなりたいなど，未来に対する自己や理想として思い描く自己などの内容も含んでいるのである（梶田, 2020）。それら，これからなりたいと思う，自分がなりたい自己の認知が，自己形成を促す可能性が指摘されている。

こうなりたい自己像は，個人に内面化された価値を自己に反映させたものであり，“理想自己”とよばれる。それは現実の自己ではなく，可能性としてイメージされる自己である。だが理想自己は，個人の経験を方向付け，その価値の実現へと個人を動機づける作用，すなわち，その方向への自己形成を動機づける作用をもつ。特にその実現の可能性を感じられるような場合には，それは個人の生活や人生にとって重要なものとして認知され，その実現が強く意識されるという（水間, 2004）。

認知メカニズムの観点（Cross & Markus, 1994）からは，理想自己が自己形成を動機づけるという現象は以下のように説明される。場面や状況に即した理

想自己が活性化されると，そこでの課題に関連する考えや感情を生起させ，効果的な行動を整理することにつながる。そのような自己が，個人が目標を達成するために必要なステップと戦略をシミュレートすることを可能にするというわけである。

　自己を認知する際に，今の現実の自己のみならず，自己形成の方向として映し出される理想自己を認知することが，自己を形成することにつながる行動を導く作用をもつようである。

　ただし，そのような理想自己の作用は，具体的な状況の中で認知された理想自己について指摘されているものである点には注意する必要がある。そうではない場合，たとえば抽象的な漠然とした理想自己の場合には，その認知が行動を動機づけるとは限らないと考えられるからである。さらには，それを意識しすぎることが，理想とは異なる現実の自己を否定的に評価することを促し，理想自己への意識ゆえに全体的な自己否定に陥ることも懸念されるところである。理想自己を認知することが，一概に自己形成に正の影響を及ぼすわけではない。とはいえ，めざすべき目標に向かっているということ自体がポジティブな感情を引き起こすという報告（Carver & Scheier, 1990），ひいては，目標を意識するということが肯定的な感情につながるという指摘（Markus & Ruvolo, 1989）をふまえると，理想自己の種類に応じて，理想自己の認知の仕方を模索することが自己形成の過程を開く可能性がある。抽象的な漠然とした理想自己の場合，必ずしもその実現を念頭におく必要はなく，それが自己形成に遠因として寄与しうるということに注目すべきなのかもしれない。

　参考になる知見として，フレドリクソン（Fredrickson, 2001）のポジティブ感情の拡張－形成理論がある。フレドリクソンによると，ポジティブ感情は，注意や認知の範囲や思考－行動のレパートリーを広げるという機能があるとされる。ポジティブ感情状態にある者は，多くのことに注意を向けたり，多くのアイディアを出したりする活動を行いやすく，その結果として，さまざまな個人資源が継続的に形成されるという。

　たとえ具体的な行動との結びつきが感じられなくても，理想自己は，自分が

価値と感じるところを指し示すものであり，自己形成への希望を感じさせるものとなりうる。そのような，価値ある方向性へと開かれた自己の認知は，ポジティブな開かれた態度で経験世界に臨むことを可能にすると考えられる。

(3) 自己の物語を構成する

　自己を作るということを考えるとき，さらにもう一つ，重要な観点を付け加えたい。重要な自己を配置した物語を私たちはもっており，その中に「自分とは何か」というアイデンティティが表現されるということである（McAdams, 1993）。私たちが自己に向き合い，「どうしてこのような自分になったのだろうか」と問うとき，私たちは，いくつかの自己概念を箇条書きであげるだけでなく，それらがどのようにつながっているのか，その筋立てについての模索を行っている。自己という物語についての模索である。

　私たちの自己がいかなるものとして感じられるのかは，このとき，いかなる物語が構成されるのかによって大きく変わってくる。自己を物語として構成する営みは，それぞれの自己に"意味"を与える作業なのである。どの自己を中心に据えるのか，それをとりまく他の自己や他者との関係をどう配置するか，そういった物語の筋立ての中に，自己がどのような意味をもつかが立ち現れる。たとえば「女性である」という自己概念が，どのような思いや感情を伴うものなのかは人によって様々だ。同じ「女性である」という自己概念であっても，その人自身がそれをどのように受け止め，その自己をどのように生きているのかによって，その自己がもつ意味は異なっている。そしてその自己の"意味"は，その人が自己についての物語を構成する中で明らかになる。私たちが自己に向き合い，「私は何者か」と問うとき，実際にはこの，"意味"に向き合っていると言えるのではないだろうか。

　ではこの物語はどのように構成されるのだろう。自己を物語としてとらえる仕方は，私たちがそれと知らずに幼い頃から学習してきたことである。幼い子どもは養育者に出来事を語りながら，自己についての情報を収集していく。その時の語りは，大人による言葉かけに助けられながら，さらに，大人からの問

いかけに応じる形で豊かなものになる。そして，大人は時に，今日のことを昨日や明日と結びつけたりもする。このようなやりとりの中で，子どもは今日の出来事について，あるいは短いながらも自分の人生について，物語を構築する仕方を習得していく。

　そのような物語は，しばしば自分の予想を超えて展開する。心理療法が展開する際に，「なぜ今日はこんな話をしたのかわかりませんが……」と語られることがあるという（森岡，2002）。筆者自身，インタビュー調査の際に，「自分でもすっかり忘れていました」と，インタビュイーが，大切な自己を思い出し，それを自己物語に配置し直す過程に立ち会ったことがある。前項で述べた自己概念に組み込まれない重要な経験も，物語化の過程で何らかの位置づけを獲得し，自己概念全体が再構成されるということが起こりえる可能性が想定される。ロジャーズ（Rogers, C.）に代表されるような心理療法を通しての自己概念の再構築過程は，まさにこの，物語の再構築過程を経て成し遂げられている。

　さらに付け加えると，自己についての物語は，誰と共に構成するのかによって，その内容が大きく変わる可能性がある。心理療法のような場合は言うに及ばず，日常での自己語りでも，聴き手がどのような合いの手を入れるか，どのような質問を付加するかで，物語の筋立ては大きく変わる。

　このような，私たちの自己概念を過去の記憶と未来への意図を含むように時間的に拡張された物語として構成された自己は"物語的自己"とよばれる（Gallagher, 2000）。端的には，「自分は何者か」というアイデンティティとしての自己を指す。そして物語的自己は，いかなる物語が構成されるかによって変わりうる。やまだ（2000）は，私たちは「過去の出来事」を変えることはできないが，物語を語りなおすことによって過去の出来事を再構成することが可能になると述べる。近年注目されるレジリエンスや心的外傷後成長などは，まさにそのことを示す概念といえる。苦難や挫折や逆境は，それがどのような物語として紡がれるかによって，その経験の意味は大きく変わる。どのような物語として自己をとらえているのかということも，自己を作る過程においては非常に重要な側面なのである。

自分自身が経験の主体として存在していたことを実感することができ，そして
その自分として存在することの意味が感じられるような物語を作ることができ
たとき，私たちは，その自分として生きることを肯定しうるような自己を形成
できたと感じるのだと思われる。

おわりに

「私とは何か」という問いへの答えには，様々な種類が存在する。そのいず
れに納得するかは，その回答の質というよりも，この問いがいかなる思いのも
とで発せられているかに依存すると考えられる。そして，「私は〈私〉」という
のが答えとなることがある。後者の〈私〉とは，意識の主体である私がとらえ
たところの自己を指す。これが厳密に，「私とは何か」の答えになっているか
は分からない。だが，「どうしてこんな私なんだろう」という思いを背負って，
「私とは何か」を問う人にとっては，自分が納得できる〈私〉を感じることが
できることが，「私とは何か」という問いに対する答えになると思われる。

本稿では，そのような，本人によってとらえられる〈私〉を念頭において，
自己を作るということについて論じてきた。私たちは，自分のとらえる限りに
おいて，私というものに向き合うと考えるからである。だが実は，「自分がな
い」「自分が分からない」ということ，そこから自己をどう作っていくのかと
いう問題には十分取り組めていない。そのことについてはいずれ，じっくり論
じたいと考えている。

参考文献

Baumeister, R. F. The self. In D. T. Gilbert, D. T., Fiske, S. T., & Lindzey, G. (Eds.), *The handbook of social psychology, 4th edition*, Boston, MC : The McGraw-Hill, 1998

Carver, C. S., & Scheier, M. F. Principles of self-regulation : Action and emotion. In Higgins, E. T. & Sorrentino, R. M. (Eds.), *Handbook of motivation and cognition ; Foundations of social behavior volume2*. New York: The Guilford Press, 1990

Cross, S. E. & Markus, H. R. Self-schemas, possible selves, and competent performance. *Journal of*

Educational Psychology, 86(3), 1994, 423-438

チクセントミハイ, M. 今村浩明訳『フロー体験　喜びの現象学』世界思想社, 1996

Fredrickson, B. L. The role of positive emotions in positive psychology : The broaden-and-build theory of positive emotions. *American Psychologist*, 56(3), 2001, 218-226

Gallagher, S. Philosophical conceptions of the self: implications for cognitive science. *Trends in Cognitive Sciences*, 4(1), 2000, 14-21

萩尾望都『イグアナの娘』小学館, 2000

梶田叡一『自己意識の心理学』東京書籍, 2020

Markus, H. Self-schemata and processing information about the self. *Journal of Personality and Social Psychology*, 35(2), 1977, 63-78

Markus, H., & Ruvolo, A. Possible Selves: Personalized Representations of Goals. In L. A. Pervin (Ed.), *Goal Concepts in Personality and Social Psychology*, Hillsdale, New Jersey: Lawrence Erlbaum, 1989

McAdams, D. P. *The stories we live by : Personal myths and the making of the self*, New York:William Morrow & Co, 1993

水間玲子「理想自己への志向性の構造について──理想自己に関する主観的評定との関係から」『心理学研究』75(1), 2004, 16-23

森岡正芳『物語としての面接──ミメーシスと自己の変容』新曜社, 2002

Neisser, U. Five kinds of self-knowledge. *Philosophical Psychology* 1(1), 1988, 35-59

Neisser, U. Self-narratives : True and false. In U. Neisser & R. Fivush (Eds.), *The remembering self：construction and accuracy in the self-narrative*, New York : Cambridge University Press, 1994

やまだようこ「展望：人生を物語ることの意味──なぜライフストーリー研究か？」『教育心理学年報』39, 2000, 146-161

特別寄稿

詩の世界と出合わせるために

汐海治美〇しおかい　はるみ

はじめに
　——2019年12月，宮城県詩人会「ポエカフェ」（注　ポエトリー・カフェ：
市民参加型の詩のイベント）では，「宮城の現代詩　2019」をテーマに，
　あなたの書く詩語は揺るぎないか／あなたの読む詩語は揺るぎないか
が問われた。つまり一編の詩において，「この言葉は動くのではないか」とい
うことが問われたのだ。一編の詩が，どこもゆるぎない詩語としてそこにある
ことは奇跡だと，参加した誰もが感じた体験だった。——

　この文章は，未だコロナの発生していない当時，「ポエカフェ」が市民の間
で楽しまれていた頃，筆者が次の「ポエカフェ」に向けて準備していたお誘い
の言葉である。その後すべての集まりはコロナのために途絶えた。だがこの「幻
の」言葉は，詩の読者としても書き手としてもそして教え手としても究極の問
いとして生きていると信じる。「詩」とはいったい何か考える人にとって。
　さて本稿タイトル「詩の世界と出合わせるために」であるが，これは，2021
年桃山学院教育大学１年生に対する90分の特別授業（「日本文学演習」）とし

て求められたテーマである。何と何の出合いかと言えば，子どもたち（児童・生徒）と「詩」との出合いであり，「せる」という使役の助動詞が示す通り，誰がそれを企てているかと言えば，教師ということになる。もちろん言われるまでもなく，子どもたちは教室以前に，また教室以外で，多くの詩に出合っている。ではどの程度？　どこで？　このタイトルの前提には，子どもたちはなかなか詩に出合えていないという現実があり，その現実打破のために教師は何ができるのか考えて欲しいという要請が隠されていると考えた。そこでまず，この授業を開始するにあたって，学生にこんな課題を求めてみた。

> 宿題：あなたがこれまで出合った詩の中で一番好きな詩を写してきてください。
> いつ・どこで出合ったものでもいいです。

　筆者がこの課題を出した意図は，「人は詩にどこで出合う」のか知りたかったこともあるが，もう一つ人は「詩」をどう理解しているか，そしてその理解はそれでよいのか考えてみたかったからである。この二つのテーマに沿って少し詩について考察してみたい。

詩との出合い

　あくまでも教員志望の大学生33人から得られた答えを元にした考察であるとお断りしたうえで，まず一つ目のテーマ「人は詩にどこで出合う」のかから話を進めたい。
　先ほど「子どもたちはなかなか詩に出合えていないという現実」があるという懸念について述べたが，結果は，いや学生は，そこそこ「詩に出合っている」であった。というのは，この問いに「詩でないもの」を挙げたのは7人，逆に言えば26人が「好きな詩」に出合っていた。もう少し割り引いて言えば（直前の授業で取り扱われた宮沢賢治の「雨ニモマケズ」を除くと），実に半数の

学生（16人）が「好きな詩」を挙げることができたのだ。これは筆者にはとてもうれしいことだった。そして，挙げられた詩人から考察すれば，

① はっきりと授業で出合ったと明示された詩　2人　（草野心平・吉野弘）
　小学校教科書に採られている詩　6人　（金子みすゞ・谷川俊太郎）

② 授業由来と分かるもの／学校文化の中からと分かるもの　5人
　（みずかみかずよ　寺山修司　工藤直子）

③ テレビなどの影響　2人　（金子みすゞ）

④ その他　1人　（坂村真民）

このように，学生（厳密に言えば教員志望の大学生）は，学校文化の中で，思いのほか詩に向き合い詩を「好きな」ものとして受け入れているのだ。ただ，残念なのは，一番感受性が豊かで悩み多き高校生の時期（しかもそれはつい何年か前のことなのに！）に提供されている「国語」の教科書に載る詩がたった1篇（『I was born』吉野弘）だけであったことである。そしてこのことが，実は最初の問題意識「子どもたちはなかなか詩に出合えていないという現実」の中味であったと考える。厳密に言えば「高校生は授業で詩に出合えていない」である。とすれば，筆者の課題は「高校生にいかに授業で詩に出合わせるか」ということになる。

詩とは何か

二つ目は，人は「詩」をどう理解しているか，そしてその理解はそれでよいのかであるが，これは好きな詩として挙げられた「詩」ではない作品から幾つかの問いを立てて考察してみる。

① 百人一首から二人選んでいる。では，短歌・和歌は詩だろうか。ここでは選ばれなかったが，俳句は詩だろうか。

② 小説の一節から二人が選んでいる。それは詩だろうか。

③ 唱歌から一人選んでいる。それは詩だろうか。

④ 相田みつをから一人選んでいる。それは詩だろうか。

⑤　漫画から一人選んでいる。それは詩だろうか。

この問いに答えるには，「詩」の定義をしなければならない。詩とは何か。そこで，ずばり「ポエジーを感じさせる韻文」と定義すれば，短歌も俳句も短詩系文学と呼ばれるものすべてを指すことになる。ただし，近代になって短歌・俳句ではない西洋流の「韻文」を書きたかった日本人は，漢詩を下敷きにしつつ，5音・7音のリズムを持つ文語定型詩を書き始めた。文語定型詩は短歌俳句と同様に形式があるが，それは短歌・俳句とは異なる，「詩」として独立したものである。やがてその形式も取り払われ口語自由詩として，「現代詩」になっていくのだが，その「詩」の歴史を踏まえて，ここでは，「詩」とは近代以降の文語定型詩から口語自由詩，そして戦後詩につらなる詩群をさすこととする。これをもとに判定してみると

答え

①の短歌・和歌や俳句は広義には詩（韻文）であるが，「詩」ではない。

②は小説から抜き出された部分（散文）であり，「詩」ではない。

③は音楽と共に味わうべき歌詞であり，「詩」ではない。

④はタイトルがなく一種の警句であり，「詩」ではない。

⑤は漫画の中の台詞（または地の文）であり，「詩」ではない。

もちろん，②や⑤では，切り取られた文章にポエジーがないとは言えないが，そしてそれを提示した学生がそれを狙っていたとも言えるが，断りがない以上「詩」作品とは言えないだろう。そして，筆者の判定では，ポエジーはなかった。あえて言えば，自分を「励ましてくれた」言葉である。③については，音楽を伴った「歌詞」として「詩」とは独立して評価されるべきであり，④については，「相田みつをにあるのは説教だけで，ポエジーはない」（平川・小池・佐々木，2021）という言葉で十分だろう。

もう少し先に進もう。では，自由な「詩」とは何か。ポエジーとは何か。これは難しい問いである。あえて言えば，答えは，ポエジーそのものは「説明できない」。ただ，それが生まれてくる構造と結果は説明できるかもしれない。構造とは，作者はそれをどのようにして生み出そうとしたかであり，その結果

としてのポエジーである。それをポール・ヴァレリーの翻訳家であり精神科医の中井久夫氏は，「詩」になる瞬間についてヴァレリーが語ったことを要約して「言葉の非文法的，非意味的といおうか，その素材的な『質』に感覚が開けることで」生じる「うたう状態」（中井，2010）であると述べている。身も蓋もなく言えば，詩は「意味」でもなく（「非文法的」という点で）正しい日本語でもなく詩人の前に開けた言語空間であり，詩人はそれをすくいとって詩に「うたう」のである。それは限りなく音楽に近いが，言葉自体が音楽性を持つという意味で「歌詞」とは全く異なる。

　それでは，逆に読み手は「意味」を否定され，「文法」を否定されて詩を理解できるものだろうか。そして理解なしに詩に「出合える」のだろうか。最初の問題提起，「子どもたちはなかなか詩に出合えていない」どころか，誰だって詩にはなかなか出合えないのではないか。しかし，もちろんそんな心配はない。詩（ポエジー）は「意味」（だけ）ではないからこそ，万葉の時代から誰の心にも残る短詩形として深く愛され続けてきた。今も小さな子どもたちにとっての最初の文学として愛され続けている。心配はいらない。それはどういうことか，梶田叡一氏の「言葉の力」の考え方に従って説明してみよう。

言葉の働きとは何か

　まず詩を1篇の作品として眺めてみる。改めてここで「1篇の作品」と書いたのは，ここでの作品とは「テキスト」としての作品だからである。「テキスト」とは，その書き言葉（文字）が示すテキストそのものの空間である。もちろんテキストには，「書き手の意味空間としてのテキスト」も存在するし，「読み手の意味空間としてのテキスト」も存在する。先ほどの，ヴァレリーが震えるようにして書き下ろした「言語空間」にぴったり一致する形で読者は入り込めないかもしれない。なにしろ意味的にも文法的にも閉ざされているのだから。だからと言って，読者として放縦にその作品を気まま勝手に味わっていいわけでもない（もちろん教育現場ではと限定してだが）。限りなく作者の思いに近づ

けるように，いやもしかすると作者が意図したこと以上に豊かに自由に読者と
して味わおうとしたときに見えてくる世界，それが詩の真の「テキスト」であ
り，もし「詩」を子どもたちの前に示そうとするなら，教師はそれに近づくよ
う努力しなければならない。では，どうしたらそのように存在する「詩」とい
うテキストを子どもたちに味わわせられるか。

　梶田叡一氏によれば，

　　「言葉の力」そのものには，本質的な点で相異なる二種類のものがある。
　　言葉の持つ確かな表現・伝達の力を問題にする方向と，言葉の持つ豊かなイ
　　メージ展開の力を問題にする方向と，の二つである（梶田，2013，p.50）。
とされる。もちろん詩歌の言葉は後者，「感性や想像力を重視し，直感的な姿
勢で言葉を用い，連想なり拡散的思考なりを働かせようとするメタファーの言
葉」であり，当たり前のことであるが，「詩」を確かな「論理」の言葉で解釈・
説明することは避けるべきとされる。「詩」というテキストの空間を味わうた
めには「メタファーの言葉」を駆使して味わわねばならない。教師はそれを授
業で実践しなければならない。その方法を考えよ，これが本論稿タイトルの問
いかけであり，とりわけ難解な詩に向き合わざるを得ない高校生にとっての詩
の授業を模索せよとのことであろう。

高校生にいかに詩に出合わせるか

　そこで，最初の問いにもどろう。
　「高校生にどのようにして授業で詩に出合わせるか」さらに付け加えれば「小
学生に詩がなじみがあるのはなぜか——なじみがあるとすれば，その方法をそ
の後の中・高校生にも適用できないか」を考えてみる。
　小学生に詩がなじみあるのは，教室において，特に1980年代以降，詩を意
味から解放して，体で，感性で，味わうことに主眼を置いたからであろう。詩
を説明しない読み方である。現在筆者の手元にある東京書籍「あたらしいこく
ご一上」～「新しい国語六」（平成31年2月刊）では，冒頭見開きに必ず詩を

載せ（「一上」以外すべて），「教え込む」のではなく，「音読」を通して味わう構成になっているし，折に触れ「詩」を多く味わわせる構成になっていることからも明らかだ。小学生にとって詩は身近だ，少なくとも説明文よりはずっと楽しんで受け止められている。

しかし，それがやがて中・高校生になると単元として「詩歌」のくくりで独立し，作者（書き手）の空間としての文学作品として扱うことになる。そして，文学作品となることで，詳細な説明を与えられ，読者はその空間から弾き飛ばされるように感じ，「詩は分からない」へと向かうのだ。では，どうすればいいのか。

一つに，小学生の時と同様に，中・高校生でも「詩」を「教え込む」のではなく，身体で味わわせることに主眼を置くこと，一つに，難解で「分からない」詩を徹底して分析し「教え込む」場合でも，「書き手の意味世界」が多様な形で「テキストの意味世界」として表現され，そこからまた「多種多彩な読み手の意味世界が現出してくるよう」（梶田，2013），詩語を扱うことだろう。

そこで本題に戻り，「授業で詩に出合えていない」中・高校生にいかに詩に出合わせるかを考えてみよう。

前提としての詩の読み方

さて，これから二つの詩の読み方を紹介するが，その前に前提としての詩の読み方を確認しておきたい。

中・高校で扱う詩には様々ある。文語定型詩では，文語の文法的知識が前提となるだろうし，一読して意味の分からない詩も多く存在する。どこにポエジーが存在するかの手ほどきの前に，文語詩であれ口語詩であれ，とりあえず（矛盾するようだが）詩の意味を理解することが一番である。そのためにはまず5W1Hを明らかにする。この時は梶田氏（2013, p.52）の言われる確かな「論理」の言葉を駆使し丁寧に詩語を扱うのである。その上で「短歌・俳句」と同じ韻文と考えて，以下基本的な詩の読み方を踏襲すればいい。

① 構造読み　漢詩の構造の影響を受けた日本の短詩形文学では「起承転結」

の構造として扱い，「転」を読み取ることを主眼とするといい。

② 技法読み　特に詩の技法として，反復法＝リフレイン　比喩＝直喩・隠喩・擬人法，対句，倒置法，体言止め，韻，省略法，等の使用と効果を考える。

③ 主題読み　タイトルを中心に，また作者の人生を踏まえ，構造・技法読みで膨らんだイメージを焦点化する。

これらを教師がきちんと把握したうえで（授業ですべて扱うかはまた別の問題），一つ目の「詩を身体で味わわせる」のである。

詩の読み方1「詩を身体で味わわせよう」

今回桃山学院教育大学の90分の授業の中では，詩の音読から創作に向かう味わい方を紹介してみた。以前『教育フォーラム46号』で紹介した「日本文学演習1　詩の講義」の実践である（汐海，2010）。単元の目標として

到達目標　詩にふさわしく朗読することができる。

発展目標　自らが自分自身を題材に詩を書くことができる。

を掲げた。到達目標として，まず上記「前提としての詩の読み方」で詩の意味をきちんととらせて朗読の台本を作成させ，台本作成を契機に「書き手の意味世界」すなわち作者の世界と，がっぷり四つに組んで，詩にふさわしい朗読を目指す。発展目標に「詩を書く」を入れていることに驚かれる方もいるだろうが，これは，中原中也の詩「汚れつちまつた悲しみに」の延長上に「生ひ立ちの歌I」を置くことで，朗読を通して作者の世界と向き合った生徒に，「多種多様な」読み手の空間が現れると考えてのことである。試みに詩を引用しておく（中原，2000）。ご自身，中也に倣って詩を書きたくならないだろうか。

　　　生ひ立ちの歌　I
　　　　幼　年　時
　　　私の上に降る雪は
　　　真綿のやうでありました

　　少　年　時
私の上に降る雪は
霙のやうでありました

　　十七―十九
私の上に降る雪は
霰のやうに散りました

　　二十―二十二
私の上に降る雪は
雹であるかと思はれた

　　二十三
私の上に降る雪は
ひどい吹雪とみえました

　　二十四
私の上に降る雪は

　実際，詩人の佐々木幹郎は，「ばんごはん」（佐々木，2021）というタイトルではあるが，「1　少年時」「2　老年時」という明らかに中也の詩のパロディともいえる詩を発表している。生徒にも中也の「汚れつちまつた悲しみに」という詩と格闘し朗読した後に「生ひ立ちの歌　Ⅰ」を読ませて，自身の「生い立ちの歌」を書いてごらんと言えば，多くの生徒は詩が書ける。それが優れた詩である必要はない。詩を書いているとき，彼らは限りなく読者であり作者であるという空間を味わっているはずだ。その作業を通して，本物の詩人が出現したりする。どんな教材でも成立する技ではないかもしれない。それは中原中也

という詩人の「汚れつちまつた悲しみに」と「生ひ立ちの歌」という特殊な詩のみに成立する，稀有な事象であり，稀有な教材なのかもしれない。特に傷つきもがいているこの詩の中也と同世代の思春期の高校生にとって。そこを過ぎると，「高校時代＝暗黒」で終わってしまう。「暗黒」にも色があることを忘れてしまうのだ。

詩の読み方２「詩言語に徹底して向き合う」

「前提」で基本を押さえたうえで，さらに解釈・説明で終わらせないためには何が必要か。乱暴な言い方になるが，「詩は分からない」という諦念から出発させることだと考える。「詩」の真の理解に至らなくても（そこはある意味神の分野だから），「出合わせる」だけで十分なのだという諦念から，しかし，「分からない」ところこそ肝だと突き進むのである。それは滑らかに読み進めていける先の「転」に相当するかもしれない。全く意味不明の「石ころのようなもの」や「すっとぼけていて笑うしかないもの」かもしれない。詩の中の異物を探り当てるのだ。それを説明せず一緒に面白がるのだ。「何とも言い難い××」が一体どこから生まれるのかは説明できるかもしれない。例えばリフレインとか，メタファーとか。しかし，「何とも言い難い××」は説明できない。安西冬衛の詩（安西，1977）で言えば

　　　　春
　　　てふてふが一匹韃靼海峡を渡つて行つた

「韃靼海峡」に出合った時，読み手はつまずくが，「行つた」という完了形とともに蝶の行方を宇宙から眺めていることに気がつく。無限の詩世界の現出である。

　竜頭蛇尾の論になったが楽しんでいただけたら幸いである。ウクライナの暗

雲の中，畢竟教師にできるのは「藤野先生」（魯迅）になるという覚悟だけと強く思う日々である。

参考文献

本稿は，全て梶田叡一氏の「言語論」をお借りしているが，とりわけ

　梶田叡一『言葉の力と言語活動』ERP，2013

　梶田叡一「〈言葉の力〉を育てるということ」梶田叡一責任編集・人間教育研究協議会編『教育フォーラム46』金子書房，2010

安西冬衛『安西冬衛全集 第1巻』宝文館出版，1977

平川克美・小池昌代・佐々木幹郎「詩のない生活にも，実は詩がある」平川克美責任編集『望星』2021年11月号

中原中也『中原中也詩集』新潮社，2000

中井久夫『私の日本語雑記』岩波書店，2010

佐々木幹郎「ばんごはん」平川克美責任編集『望星』2021年11月号

汐海治美「詩の朗読と〈言葉の力〉」梶田叡一責任編集・人間教育研究協議会編『教育フォーラム46』金子書房，2010

ルーツを知ること

社会的養護の現場とテレビドラマを通して

蔵 あすか○くら あすか

はじめに

　筆者はこれまでに，学校のスクールカウンセラー，精神科クリニック，被害者支援などに臨床心理士，公認心理師として関わってきた。ここ数年は，乳児院という児童福祉施設のなかでも社会的養護といわれる現場に携わるようになっている。そこで出会う子どもやその親とのやりとりを通して感じることと，最近見たアメリカのテレビドラマから感じたことをあわせて書いてみたい。筆者が改めて共通して実感したのは，自己の形成やメンタルヘルスには自分のルーツ，歴史，自分のストーリーを連続性のあるものとして知っているかが大きく関わっているということである。

1 家庭的養護への転換

（1）日本の社会的養護の現状 ……………………………………………

　保護者がいない子ども，被虐待児など家庭環境上養護を必要とし，社会的養護の対象となる子どもは約42,000人いるとされ（厚生労働省子ども家庭局家庭福祉課，2022），その大半は施設で育てられてきたが社会全体で支える仕組みに変わりつつある。平成28年の児童福祉法改正では，子どもが権利の主体であることが明確にされ，家庭への養育支援から代替養育までの社会的養育の充実とともに，家庭養育優先の理念が掲げられた。生みの親による養育が困難であれば，特別養子縁組や里親による養育を推進することが明確にされ，「新しい社会的養育ビジョン」（平成29年8月2日）では，具体的に里親委託率の目標数値が設定された。愛着形成に最も重要な時期である3歳未満については概ね5年以内に，それ以外の就学前の子どもについては概ね7年以内に里親委託率75％以上の実現，学童期以降は概ね10年以内を目途に里親委託率50％以上の実現を，特別養子縁組成立に関しては概ね5年以内に現状の約2倍である年間1,000人以上の特別養子縁組が成立できるよう求められている。

　制度が異なるために単純な比較はできないが，欧米主要国では概ね半数以上が里親委託であるのに対し，日本は約8割が施設養護となっており施設養護の依存が高い現状にあるが，家庭的養護への変換を求められている。「社会的養育の推進に向けて」（令和4年3月31日）によれば，平成22年度末の全年齢の里親委託率は12.0％であったが，令和2年度末の里親等委託率は22.8％に上昇している。地域によって取り組みと実績に差はあるものの（委託率の低い自治体は10.8％，高い自治体は58.3％），過去10年で里親等委託児童数は約2倍となり，児童養護施設と乳児院の入所児童数は約2割減となっている。

（2）用語について ……………………………………………………………
　家庭的養護と家庭養護，養子や里子などの用語をここで少し整理しておく。

養育者の家庭に子どもを迎え入れて養育を行う里親やファミリーホームを社会的養護のなかで「家庭養護」と呼び，児童養護施設や乳児院などの施設であってもできる限り小規模で地域分散化された家庭的な養育環境の形態をとることを「家庭的養護」と呼ぶ。つまり，「家庭的養護の推進」というときは，里親やファミリーホームという家庭養護を推し進めることとあわせて施設養護の家庭的養護を推し進めることを指す。

里親にはいくつか種類がある。養育里親，専門里親，養子縁組里親などである。他にも親族里親があるが，ここでは割愛する。養育里親は子どもが生みの親との間に親子関係を保ったまま一定期間その子どもを養育する里親，専門里親は養育里親のうち虐待や非行，障がいなどの理由により専門的な援助を必要とする子どもを養育する里親である。いずれ子どもを養子として迎え入れるために里親を希望する里親を養子縁組里親という。養子縁組には2種類あり，特別養子縁組は生みの親との親子関係が消失し法的にも親子となり戸籍上も長男・長女などと記載されるのに対し，普通養子縁組は生みの親との親子関係が法的に残り戸籍上は養子，養女などと記載される。普通養子縁組は家の跡継ぎを残すための制度で明治29年の民法制定時から存在し，特別養子縁組は子の福祉のために昭和62年の民法改正によって創設されたものである。

こういった用語は一般的には混同されていたり誤解されていたりする。社会的にまだ充分に浸透していないと考えられ，子どもが通う学校現場でも正しく理解されていないことがある。また，社会的養護が必要な子どもの保護者に説明をしても，養育里親に「子どもをとられる」と理解をしているために里親に養育されることを躊躇されることがある。

2　施設養護でルーツをどう伝えるか

家庭的養護が推進され，施設においてもできるだけ家庭に近い養育ができるように設備や職員の配置が見直されたりしてきた。ただし，施設の職員は交代勤務であるため，子どもにとっては日中に遊んでくれた同じ大人が寝かせつけ

や次の日の朝に起きた時にいるとも限らず，家庭での関わりに比べて細切れにならざるを得ないのが現実である。愛着形成の課題が生まれやすいと同時に，大人が意識をしていないと自己を形づくることにも困難をきたしやすくなってしまうのではないかと筆者は感じている。

　というのも，家庭で育つ子の多くは自分の生まれる前から生まれた瞬間，そこからつながる現在までを，大人の話，写真，映像などを通して生活のなかで連続性のあるストーリーとして知ることができる。それも，連続性のあるストーリーはその子の自己形成に大きく関わると特に意識しなくても自然に紡がれているのが通常ではないだろうか。

　一方，施設で育つ子に対しては関わる大人が意識をしていないと，連続性のあるストーリーを伝えることが抜け落ちてしまう可能性がある。例えば生後すぐから乳児院で育ち，幼児になったら児童養護施設で暮らし，ときどき週末里親を利用するけれど生みの親の面会はほとんどなく，それでも生みの親が新たな家庭を築くために県外に引っ越しをしたら自分も県外の施設に引っ越しをして高校生まで過ごす。このような過程で，自分のストーリーを紡いでくれる人が継続して関わるということはなかなか難しい。細切れの情報を寄せ集めても，自分というパズルのパーツがずっと欠けているような感覚をもつのである。

　それを補うため，施設では養育者が交代する際にはケアの継続性ができるだけ保たれるよう努力をしている。写真によるアルバム作りに加えて，ライフストーリーワークを実施し自分のルーツを知る手がかりにしてもらったり，家庭への引き取りや施設から施設へ移る際に絵本を用いて，あなたがなぜ施設にいたのか，どうして家庭に引き取られるのか（あるいは，別の施設に行くのか）などを子どもの年齢や理解度に合わせて伝えたりしているところもある。

　子どもが自分のルーツや育った環境，関わった人を知りたがり施設に問い合わせることもある。筆者の経験では，残されていた記録から伝えるエピソードや写真も喜ばれるが，自分の幼い頃を知っている人に直接会って話をきく，質問に答えてもらうということの方が子どもにより喜ばれるように感じる。自分の記憶のパーツと，写真やエピソードといったパーツ同士をつなげ連続性のあ

るストーリーに，そしてそれをより豊かに仕上げるのは「人」なのだと考える。特別養子縁組や里親，グループホームであれば，関わる大人が一定であるため，ストーリーはより紡ぎやすくなるであろう。

3　テレビドラマから考えるルーツ

　連続したストーリーが紡げないまま成人してからももがき苦しむ姿をよく表現していると筆者が感じたのが，「THIS IS US 36歳，これから」（脚本：ダン・フォーゲルマン，制作：NBC）というアメリカNBCで放映されたテレビドラマに登場するランダルである。ランダルは生みの親ではない養育者に養子として育てられた。里親養育や特別養子縁組が日本より盛んな諸外国で里子や養子がテーマとして描かれている映画やドラマは数多くあると思うが，筆者が児童福祉の現場と関わり始めた時期にこのドラマを見たことや，筆者と同じ年代に生きた登場人物が同じような人生の課題に直面する姿に心惹かれたのだと思う。

（1）ドラマで描かれていること ……………………………………………

　1980年代にジャックとレベッカ夫婦の間に生まれた3つ子のケイト，ケヴィン，ランダルが2016年に36歳となりそれぞれの人生を歩む様子が描かれている。3つ子と書いたが，実はランダルは血縁関係にない。3つ子のうちケイトとケヴィンは白人，ランダルは黒人である。レベッカは3つ子を妊娠していたが一人を出産時に亡くし，新生児室でケイトとケヴィンの隣り合わせになった棄児の新生児ランダルを医師のすすめと夫ジャックの説得により養子として育てることにしたのである。ドラマで描かれているのは，夫婦，親子，きょうだいの間に強い絆がありながら，さまざまなことにより生まれる確執や諍い，和解などである。さまざまなこととは，登場人物たちが抱える課題のことで，例えば子を亡くした喪失，白人と黒人という人種問題，差別，火事によるジャックの死，ベトナム戦争の経験，アルコール依存，摂食障害，トラウマ，うつ病，認知症，LGBT+Q などである。また，COVID-19やブラック・ライブズ・マター

などの最近の話題も作品に組み入れられている。メンタルヘルスの問題は3つ子いずれにも当てはまり，ケイトは摂食障害，ケヴィンは薬物やアルコール依存，ランダルはパニック障害に苦しむ。特にランダルのパニック発作は，自分のルーツをよく知らないこと，ストーリーをうまく紡げていないことと関係していると考える。

（2）ルーツ探し

　ランダルは愛情たっぷりに育ち一見わりと従順に成長する。養子であることは父母から本人に伝えられている。子ども時代に父母や他のきょうだいと見た目が異なることで自分が何者なのかを考えたり，自分の価値を証明しなくてはいけないような気になったりする。また，いま育ててくれている父母とは別に生みの父母が（生きていようと亡くなっていようと）生物学的に存在するという事実があるため，「この人が自分の親かな？」と町ですれ違う人やテレビに出てくる人をみて想像を膨らませたり，想像したことで養育者に罪悪感を抱いたりもする。また，生みの親がなぜ自分を育てることができなかったのかを知りたくなる。これらはストーリーを自分なりに完成させようとする作業の一つだろう。ところがランダルは思春期までにこれを達成することができない。

　また，ケイトとケヴィンは，ランダルが3つ子の一人であることを自然に受け入れているように見えるが，その分ランダルの養子ゆえあるいは黒人ゆえの思いや苦しさには気づかず，むしろ思春期以降は父母，特に母であるレベッカのランダルへの対応が贔屓をしているように感じられ距離ができたり，無意識にランダルを傷つけたりする。自分の価値を示そうという表れであると思うが，ランダルは成績優秀で社会的にも成功をおさめているが，パニック発作に苦しみ会社を辞める。メンタルヘルスの問題を克服するにはいくつもの試練があるのだが，会えないと思っていた実父を36歳の誕生日に探し当て交流を続けたり実母の過ごした家を訪れたりして，現家族に支えられながらルーツ探しをして人と会い，自分のストーリーを紡いでいけたことに大きな癒やしがあったと思われる。また，異人種の親をもつ養子が集まるグループセラピーで，他の

メンバーも自分と同じように自らの価値を示そうとしてきたがメンタルヘルスの不調に悩まされたり，養育者ではない人を親として想像した経験があったり，なかには本当の思いとして「養子になりたくなかった」と表現する参加者もいたりして，自分だけが苦しんでいたわけではないと知る。

　自分が特殊な経験をしていると思うと，自らの体験や疑問を他者に話すことがしにくい。そのため，まさか他の人も自分と同じような経験をして困ったり不安になったりしたとは想像できず，それを知った時の安堵感や解放感のようなものは格別なのである。ランダルはしだいに自己を認め自分のストーリーを連続性のあるものとして紡いでいき，パニック発作もおさまっていく。

4　社会全体で支える

（1）告知の体験 ………………………………………………………………………

　日本の場合，家庭で養育できない事情があるときには，子どもの最善の利益のために，施設養育か家庭養育かなどが選択される。しかし，決めるのは大人であり，子どもにとっては「勝手に決められたこと」である。最近では子ども自身が意見表明をしたり「子どもアドボカシー」といって大人が代弁したりする機会がもたれるようになってきてはいるが，意思を言葉で表現できるようになる年齢の前に行き先が決まることが多い。しかし，それは，ある意味では血縁関係のある親子も同じなのかもしれない。というのも子どもは自分の意思とは関係なくいつの間にか，気づいたら親の元で育てられているものだからである。ただし血縁のある子と異なるのは，周囲の人からの視線やコメント，血縁関係があると思っていた親から知らされる血が繋がっていないという告知があることなどである。

　周囲の人からの視線やコメントとは，養育者と子どもの顔が「似ている」あるいは「似ていない」や，「ほんとうは隠し子じゃないの？」と言われたりそのような目で見られたり，養育者に対しての称賛「血の繋がっていない子を育てるなんて素晴らしい方」や，子どもに対しての「感謝しなくちゃだめね」

などの声かけである。なかには「感謝しなくちゃいけない」「この人たちに捨てられたらおわりだ」と思い必要以上に周囲の期待に応えようとする子もいる。あるいは，「ほんとうのお母さんだったら，もっとこうしてくれると思う。こんなことは言わないと思う」と反発心を露わにしたり反社会的な行動をとったりする子もいる。

　また，実子のいる家庭で実子と里子の姓が異なったり，養育者のことを実子はお父さんお母さんと呼んでいるが，里子はおじさん，おばさんと呼んだりする違いがある場合もあり，実子，里子双方に説明をする必要がある。実子が戸惑ったり受け入れ難い感情になったり赤ちゃん返りをすることもあるが，多くの里親が周囲の人のサポートを得ながらこの時期を乗り越える。

（2）ルーツの伝え方 ……………………………………………………

　血が繋がっていないという告知は，「（特別養子縁組によって）親子であることは間違いないが，生んだ親は別にいる」「他のきょうだいとは生んだ人が異なる」ということを，あなたは大切な存在であなたを愛しているということを伝えながら，分かりやすい表現で説明をすることである。これは年齢に応じて，なるべく早い段階から，理解ができるまで何度も繰り返し行うことが望ましいとされている。年齢に応じて繰り返し自然に話題にし，最終的に「（生みの）母に生んでもらえたから，（養育者の）母に出会えた」と自分のルーツを捉える子どももいるが，告知は「別のお母さんのお腹のなかにいたんだな」という想像を膨らませ，生みの親がいるということは「誰なのか？」「どんな人なのか？」「その人に育てられていたらもっと別の人生があったのではないか？」など自分のルーツにこれまで意識していなかった疑問や穴を感じさせるのも当然なことである。

　施設養護や家庭養護，学校現場においても，子どもが知りたいと思ったときに開かれた態度で大人が対応することが大切であり，養育者が困った顔をしたりごまかしたりすると，その後子どもは聞いてこなくなる。例えば「私の生みのお母さんは私を棄てたの？」と子どもが聞いてきた場合に，今のこの子の年

齢だとどういうふうに答えたらよいだろうか，あの情報は伝えてよいことだったかしらと迷うのは自然なことであるが，必ずしも真実をその場で回答する必要はなく，その問いをしたことに応えたらよいのである。つまり問うてくれたことを認めればよいのである。子どもは何気ない様子を装って聞いてくるが，実は以前からずっと聞いてみたかった質問をしていたり，誰なら答えてあるいは応えてくれそうかを観察していたりする。答えられることがなかったり知らないことを聞かれたりするかもしれないが，いずれにしても子どもに「こういう質問をしてもよいのだ」と感じてもらうよう応えることが重要である。

　自分のルーツに疑問や穴があっても聞けないこと，教えてもらえないこと，ルーツを探したけれど連続したストーリーとして紡げなかったこと，受け入れ難い事実があったことなどは，メンタルヘルスに影響する。テレビドラマのランダルの例はその一つであるが，反社会的な行動で示すケースもある。人や社会が信用できず，自己に不確かさがあり，少しのきっかけで相手が自分を否定したように感じ攻撃的になる人もいる。ルーツの伝え方は難しいが，大人が一方的に伝えるのではなく子どものペースでストーリーを紡げるよう，伴走するというスタンスで応じればよいのだと思う。

おわりに

　施設養護やドラマを通してルーツを知ることと自己理解やメンタルヘルスについて取り上げた。どちらかというと大変なケースを多く取り上げた気がするが，一定数は社会的養護が必要な子どもが存在し，家庭養護の推進が叫ばれて里親や特別養子縁組など社会全体で支える仕組みに変わっていくいま，知っておきたい実態である。血縁関係のある親子もぶつかったり和解したりしながら成長するが，養子や里子は事情が多少複雑だったり関連する人物が多かったりするため，より課題が多くあるように見えるかもしれない。ただし，周囲の関わりや理解によって家族成員それぞれの豊かな成長につながるはずである。

　今後も里子，養子は増えていくことが予想される。社会全体で子どもを支える，と口で言ったり書いたりするのは簡単であるが，真の意味で目の前にいる子ど

もや保護者を支えるには，社会全体の里子や養子への理解が不充分だと感じている。今回は主に養子や里子のルーツという視点で取り上げたが，当事者である子どもや関連する人たちの気持ちについて筆者自身も理解していない，知らないことはたくさんあるはずである。多様な生き方，多様な家族のかたちがあり，養子，里子，生みの親，里親，里親の実子，親戚，地域など，それぞれの立場からの思いがあると思う。単に里親や特別養子縁組が増えるだけでは意味がなく，目の前にいる子どもや保護者が実態として幸せを感じ，一生お付き合いをする自己に興味をもち愛でることができるようになることこそ，社会全体で支えるということであろう。

参考文献

新たな社会的養育の在り方に関する検討会『新しい社会的養育ビジョン』平成29（2017）年8月2日
　https://www.mhlw.go.jp/file/05-Shingikai-11901000-Koyoukintoujidoukateikyoku-Soumuka/0000173888.pdf
古沢頼雄「非血縁家族を構築する人たちについての文化心理学的考察――その人たちへの社会的スティグマをめぐって」『東京女子大学比較文化研究紀要』66号，2005，pp.13-25
厚生労働省子ども家庭局家庭福祉課「社会的養育の推進に向けて」令和4（2022）年3月31日
　https://www.mhlw.go.jp/content/000833294.pdf
山本智佳央・楢原真也・徳永祥子・平田修三編著『ライフストーリーワーク入門――社会的養護への導入・展開がわかる実践ガイド』明石書店，2015

「道徳の時間」から 「特別の教科 道徳」へかわる中で

龍神 美和○りゅうじん みわ

「教科化されて，あなたの考え方や子どもへの授業はかわりましたか？」と，ここ数年頻繁にたずねられるようになった。そのたびに，自分の中で，何がかわったのか，何がかわっていないのか……どう答えるべきなのかと何度も立ち止まって考え続けている。

昭和33（1958）年に小・中学校の教育課程の一領域として特設された「道徳の時間」が，平成27（2015）年3月学習指導要領一部改訂等により，小学校は平成30（2018）年，中学校は平成31（2019）年に「特別の教科 道徳」という教科として実施されることになった。約60年続いた「道徳の時間」は大きくかわったのである。学校現場では平成27（2015）年度から全面実施までの移行期間，「道徳科」のこれまで行われていなかった評価も含め，全面実施に向けて，研修を受けながら，その一部または全部を実施していっていた。

道徳の教科化にむけて学校が取り組み始めてから，「道徳の時間」が大きくかわってから「もう」なのか「まだ」なのか……約8年になるのである。教科

化され，「特別の教科　道徳」がどんどん動いている感覚はあるが，では実際に，この間，いったい何がかわったのかを振り返ってみた。

1　大学生の「道徳」に対する意識はどうかわったのか

　道徳の教科化前と現在とで，学生の「道徳」に対する意識は，何か変化があるのだろうか。道徳教科化前の大学生と教科化への移行期間を経験した大学生の意識をみてみたい。

　道徳教科化前の学生の「道徳」に対する意識については，「道徳教育の改善方策について」（永田，2013）の中に，平成24年に調査した「小・中学校で受けた道徳の時間について（学生の感想コメントより）」が挙げられている。調査対象は教員養成学部に在籍する２年次の学生である。そこでは，学生の感想コメントが次のようにまとめられている（一部抜粋）。

■ 授業についての全体的な印象
　・国語との違いがわからなかった
　・答えを探すのが難しいが楽しかった
　・先生によって取り組み方が違った
　・他の学習に変わりがちな時間だった
　・テレビが楽しみだった

■ 受けたときのプラスの印象など
　・温かく穏やかな気持ちになれる
　・自分と向き合うことができる
　・議論をすることが面白かった
　・様々な人のことを考える特別な授業だった

■ 受けたときのマイナス印象など
　・先生の答えに引きずられる感じがした
　・正解のようなものが見えていた
　・答えがはっきりわからなかった

・当たり前のことを言っている感じがした

では，教科化への移行期間を経験してきた大学生の意識はどうだろうか。

教科化への移行期間を経験した大学生の意識として，令和4（2022）年度に道徳教育指導法の授業を履修している2大学，計約100名の2年次の学生に「これまで受けてきた道徳の授業」についてアンケートをとり，回答を平成24年度の調査と同じように分類してみると次のようになった。

■ 授業についての全体的な印象

・国語や図書の時間のように物語を読んだ

・他の学習に変わりがちな時間だった

・物語やテレビ，ビデオをみて感想を書く時間

・物語を読んで，解決方法を考えた

・命やひとの心，いじめや人権問題について話し合う時間

・「心のノート」を使う時間

■ 受けたときのプラスの印象など

・温かく穏やかな気持ちになれる

・自分がよいひとになった気分になった

・真面目に話し合った

・ひとの気持ちを考える時間だった

■ 受けたときのマイナス印象など

・先生が問いを立ててまとめてコメントをつける

・正解のようなものが見えていた

・きれいごとのよう

・暇な時間で眠たくなった

・他の授業より楽（時間が短いも含む）

・空気が重たくなる

令和4年のアンケートの結果とその際の学生との会話からの私見ではあるが，

前年度（令和3年）に同様のアンケートを実施したときよりも，「道徳の授業を受けた」と捉えている学生が増えてはいた。一方で，道徳教科化前と移行期間を経験した大学生とを比べても，「他の学習に変わりがちな時間」という点にかわりはない。学生からも「行事の準備になった」「クラスの話し合い」「半分はお話を読んでから，ドリルタイム」というような答えがかえってきた。アンケートの詳細では，小学校時代の「心のノート」を思い出した学生は多かったが，移行期間に用いていたはずの「私たちの道徳」については，学生の側からの回答はほぼなく，こちらから問うことで「あっ！　あった！　先生が預かって時々配ってくれた」という状態であった。扱った教材名についての話は皆無であった。

　しかし，アンケートの結果をみると，「感想を書く」ということが増えていたり，他の教科の時間との比較がみられたりするということからは，現場の教師が教科化に向けて移行期間に道徳の時間を確保し，試行錯誤しながら懸命に道徳に取り組んでいる姿が推察される。

2　「道徳の授業」は何かかわったのか

　では，教師の側からみて何がかわったのだろうか。
　移行期間に現場の教師が試行錯誤しながら「道徳の授業」に取り組み実践研究を進めているのを拝見する中で，「教科化」を意識するからこその変化だと感じていることが二点挙げられる。
　一点目は，道徳の授業時間の増加である。これは，学生の回答とも一致している（教科化に向けて進められる以前は年間35時間の実施というのは，達成されない場合も多かったのが現実である）。文部科学省の「令和3年度　道徳教育実施状況調査報告書」（2022）の分析及び考察にも「『特別の教科』化が目指した道徳教育の量的確保の面で確実に定着」と考察されている。
　二点目は，授業の型を求める風潮である。前述の文部科学省（2022）の調査では，「教科書の発問例に依存し，児童生徒や学級の実態を踏まえた授業展開が行え

ていない場合がある」ことを課題につながる変化として挙げているが，これが筆者が感じている授業の型を求める風潮につながるものと考える。

　さらに，ここ数年の道徳の公開授業を振り返る中で，教科化にむけて熱心に取り組むからこそではないかと考えられる授業の具体的な変化が二つ挙げられる。一つは，「めあて」の提示，二つ目は，授業の後半で「これからの生き方の課題」を考える学習活動が熱心に取り組まれるようになったことである。これら二つについての実態と課題を考えたい。

（1）「めあて」の提示について …………………………………………

　「めあて」を提示する授業が増えてきたのは，子どもたちが見通しをもって学習できるようにするための工夫と，教科化ということで，指導者側が子どもの「学び」を明確にした授業づくりに意識して取り組み始めたからであろうと考えられる。しかし，そうする中で，「めあて」を黒板に書かなければならないという型も生まれてきたように感じている。

　「めあて」を書くこと自体に問題を感じているのではない。「めあて」を書かなければいけないという意識で，型として「めあて」を子どもたちに伝えることが課題であると考えている。では，現在どのような「めあて」を目にすることが多いのだろうか。

　今回の学習指導要領改訂で出された「学習指導要領解説　特別の教科　道徳編」（文部科学省，2017）の内容項目をみてみると児童生徒の発達の段階や適時性を踏まえて内容項目が改訂されている。そして，小学校１学年及び２学年，内容項目Ｂ「主として人との関わりに関すること」の「友達と仲よくし，助け合うこと」には「友情，信頼」というように内容項目ごとにその内容を端的に表す言葉が今回から付記されている。実は，この内容項目を端的に表す言葉自体が型として「めあて」になっている授業を多く見かけるようになったのである。

　小学校１年生の定番教材に「はしのうえのおおかみ」（内容項目Ｂ親切，思いやり）がある（文部科学省『わたしたちの道徳 小学校１・２年』）。

「はしのうえのおおかみ」あらすじ

うさぎたちに一本橋でであうと「もどれ，もどれ。」といじわるをしてお
もしろがっているおおかみが，ある日一本橋でくまと出会う。おおかみは，
くまに道をゆずろうとするが，くまは，おおかみを抱き上げるとそっと後
ろにおろす。次の日，おおかみは一本橋でであったうさぎを抱き上げてそっ
と後ろにおろしてやり，前よりずっといい気持ちになる。

　例えばこの教材のめあてを「親切について考えよう」とただ型として内容項
目を端的に表す言葉の一部を用いた場合の授業では，子どもの発言や道徳ノー
トには，「親切にしたらいい気持ちになるとわかりました」「親切は，いいこと
だからやってみようと思います」がみられることになる。

　子どもたちは，「親切することはよいことだ」，「気持ちのよいことだ」と知
らなかったのか？　そんなことはないはずである。それだけなら，教材を用い
なくても「親切」について子どもたちにたずねると似たような答えがかえって
くるだろう。それは本当に学習したといえるのだろうか。

　服部（2020）は著書の中で「分かりきっていることを授業のねらいとして
設定することにどんな意味があるのか」また，「内容項目をねらいとした場合，
それは1時間で達成できるものにはなりません。そもそも内容項目は児童が人
間としてよりよく生きていくうえで必要だと考えられる道徳的価値を含む内容
であって，1時間の学習を想定したものではないからです」と述べている。では，
1時間の学習を想定したねらい，型でないめあてを設定するには，どのように
すればいいのだろうか。そのためには，授業者が，内容項目の言葉を教えると
いう意識から，教材に含まれる道徳的価値について「内容項目を端的に表す言
葉」で大きく捉えるのではなく，子どもたちが考えることができること，話し
合い学ぶことができることを，具体的に授業者自身のことばで掴み，表すこと
が必要になってくるのではないだろうか。

　教材「はしのうえのおおかみ」には，子どもたちが考え，話し合い学ぶポイ

ントはどこにあるだろうか。筆者が考えるものをいくつか挙げてみる。

・いじわるすることの楽しさよりも，優しくする方が，いい気持ち

・自分の力をいじわるではなくて，ひとのために使うことは，かっこいいし，相手はとてもうれしい

・優しくされると，だれかに優しくなれる

挙げた中には「親切」ということばは出てこない。めあてに「親切」ということばを用いる必要があるだろうか。「優しく」を「親切」に置き換えてもよいのではないかという意見もあるだろう。しかし，低学年の子どもたちの実態を考えた時に初めから「親切」ということばでまとめることが適切だろうか。「親切」を定義づけて観念的に理解させることがねらいではないはずである。もっと具体的な学びが必要なのではないだろうか。

型として内容項目を端的に表した言葉を用いるのではなく，授業づくりのなかで，授業者自身が，教材に向き合い，子どもの実態を踏まえてねらいやめあてを具体的に考えることをもっと大切にする必要があると考える。そうすることが，子どもたちが，自分との関わりで道徳的価値の理解を図ることにつながるのではないだろうか。

（2）「これからの生き方の課題」を考える学習活動について …………

「今までのあなたはどうでしたか？　これからあなたはどんなことを大切にしていきますか？」授業の後半，振り返りの学習活動の中で，多くなってきたと感じる発問である。学習指導要領解説を意識していることがうかがえる。

下に「小学校学習指導要領解説　特別の教科　道徳編」（文部科学省，2017）から，意識しているのではないかと考える部分を抜粋する（下線は筆者）。

「第2節　道徳科の目標2　（4）自己の生き方について考えを深める」より抜粋

道徳的価値の理解を自分との関わりで深めたり，自分自身の体験やそれに伴う感じ方や考え方などを確かに想起したりすることができるようにす

るなど，特に自己の生き方についての考えを深めることを強く意識して指導することが重要である。

　例えば，児童が道徳的価値に関わる事象を自分自身の問題として受け止められるようにする。また，他者の多様な感じ方や考え方に触れることで身近な集団の中で自分の特徴などを知り，伸ばしたい自己を深く見つめられるようにする。それとともに，これからの生き方の課題を考え，それを自己の生き方として実現していこうとする思いや願いを深めることができるようにすることなどが考えられる。

「第2節　道徳科における児童の学習状況及び成長の様子についての評価　2（2）個人内評価として見取り，記述により表現することの基本的な考え方」より抜粋

　現在の自分自身を振り返り，自らの行動や考えを見直していることがうかがえる部分に着目したりするという視点も考えられる。また，道徳的な問題に対して自己の取り得る行動を他者と議論する中で，道徳的価値の理解を更に深めているかや，道徳的価値を実現することの難しさを自分のこととして捉え，考えようとしているかという視点も考えられる。

「今までのあなたはどうでしたか？　これからあなたはどんなことを大切にしていきますか？」というような発問は，学習指導要領解説につけた下線部分について児童に書かせ，評価に用いることを強く意識するが故に多くなってきた発問なのではないだろうか。つまり，現場の教師が道徳の教科化を強く意識し，学習指導要領解説に沿った評価を行うために多くなってきた発問という面もあるのではないだろうか。

　しかし，「今までのあなたはどうでしたか？　これからあなたはどんなことを大切にしていきますか？」と子どもたちに問うことは，次に挙げる点について授業者が注意を払わなければならないと考えている。

　①教師のことばで反省を促すだけになっていないか

　②教師が書いて欲しいことを子どもが推し量って書くことができる発問に

　なっていないか

　③子どもの1時間の授業での思考の流れを断ってしまうものになっていないか

　もし，前述のような発問が安易に繰り返されたとすると，子どもたちは道徳の時間には，毎時間，教師のことばで反省を促され続けることになる。反省する時間が重ねられていく中で，子どもたちが，主体的に学習にとりくむようになっていくということは難しいのではないだろうか。できていない自分があることを見つめるなら，そのことが自分自身の成長につながることがわかったり，気付いた喜びがなければ，反省ばかりを促される中で，そのことを前向きな意欲として，自己の生き方として実現していこうとする思いや願いにつなげていくことができるだろうか。自分の反省や課題を毎時間ことばにして書くことは，自分のマイナス面ばかりを見つめ，授業の中で友だちと話し合いながら見つけた自分の心に響く大切なことや，大切だと感じることができた自分の中にあるよさを置き去りにしてしまう心配があるのではないかと考えるのである。

　②については，令和4年の大学生のアンケート結果の「正解のようなものがみえていた」「きれいごとのよう」という回答からも，子どもたちが推察できる正解やきれいごとと思われることが，教師が求めているものと捉えられ，それに合わせて子どもたちが答えていたということが考えられる。その原因のひとつが③ではないだろうか。型として発問することが先行して，子どもの1時間の授業での思考の流れを大切にすることが後回しになっているように思うのである。

　1時間の授業の中で，子どもたちは，教師の発問を通して，教材との対話，他者との対話，自己内対話を繰り返し，「○○さんは，こう言っているけど，自分は……」，「登場人物の考えもわかるけど……」など，学習の過程で自己を見つめているのと同時に，自己の生き方についての考えを深めているはずである。そのような学習活動が成り立つように授業者は，教材を分析し，ねらいを設定し，子どもたちにとって学びのある問い，みんなで考える値打ちのある問いを考えているはずである。子どもたちを学習過程で自己を見つめたことや自己の生き

方について考えたことに向き合わせることをせず，型を求めた発問を行ってしまうことで，子どもたちは教師に求められていると考えている答えに走り，その時間に新たに自分が考えたことや気付いたこと，わかったことを子ども自身が丁寧に見つめるという機会を奪ってしまう危険があるように感じている。

　道徳の教科化に向かう中で，教師の努力で道徳の時間が量的に確保されたのは明らかである。そして，試行錯誤しながら実践が行われるからこそ，「型」を求める傾向が大きくあることも否めない。道徳科の実践が，型も含めて多く行われるようになったことは，教師が道徳科の授業の「正解」を求めて真摯にとりくんでいるからこそであろう。近年，採用され道徳の授業を行っている教師で，1時間の道徳の授業イメージ自体をしっかりと持つことができている方は令和4年の大学生へのアンケート結果からも，決して多くはないことがうかがえる。その中で，各所で開催されている道徳科の授業づくり研修会などには，授業のやり方を求めて多くの若い教師が参加している姿がみられるようになっている。だからこそ，「型」だけではなく，本質を学ぶことにも意識を向けることが必要なのではないだろうか。

　道徳とは何か，道徳的価値を理解するとは何か，よさとは何か，自己を見つめるとは，子どもの実態を踏まえるとは……。教科化という大きな変化があっても，変わらないものや大切にされるべきことはあるはずである。新しい「型」のよさも理解しながら，これまで積み上げられてきた実践や理論も踏まえて，教師自身が道徳科に向き合い，今，改めて考える必要性を感じている。

参考文献

服部敬一編著『小学校　1時間で達成できる具体的なねらいからつくる道徳の授業』明治図書出版，
　2020

文部科学省『小学校学習指導要領（平成29年告示）解説　特別の教科　道徳編』2017
　https://www.mext.go.jp/component/a_menu/education/micro_detail/__icsFiles/afieldfi
　le/2019/03/18/1387017_012.pdf

文部科学省「令和3年度　道徳教育実施状況調査報告書」2022

　https://www.mext.go.jp/content20220427^mxt_kyouik01-000022136_02.pdf

文部科学省『わたしたちの道徳　小学校1・2年』

永田繁雄　「道徳教育の改善方策について――大学の教員養成の充実及び教員の指導力向上の観点か

　ら」文部科学省　道徳教育の充実に関する懇談会　第5回　配付資料，2013

　https://www.mext.go.jp/b_menu/shingi/chousa/shotou/096/shiryo/__icsFiles/afieldfi

　le/2013/07/24/1338042_01.pdf

特別寄稿

大学教員として学校教育への貢献の可能性を探る

阿部　秀高○あべ　ひでたか

はじめに

　筆者が教師の職について 2023 年でちょうど 30 年を迎える。今思い返せば，はじめて学校に講師として招聘されて先生方に授業づくりについて話をさせていただいたのは，兵庫教育大学附属小学校の教員だった教師歴 7 年目のことだった。それ以来，小学校教員，大学教員，校園長と立場を変えながらも途切れることなく，たくさんの学校へ招聘され多くの学校の研究，教育活動に参画させていただいている。これは筆者にとって大きな学びの場となり，現場の教師の時代には研究授業で見せていただいた授業に刺激を受けながら，自身の授業実践に還元するとともに，大学教員となってからは，教師を目指す学生に現場の先生方の奮闘ぶりを紹介し，学校現場の魅力を伝えることができた。これらの経験は筆者の教師としての力量形成の柱となり，大学での教育方法の研究を進める上でかけがえのない糧となっている。

　このように学校からの招聘によって関わらせていただくことは，筆者にとっ

て自身の成長を支えてくれた貴重な経験となっている。本稿では逆に，筆者が
関わることが学校にどのような意味や成果があったのかについて考え，改めて
振り返ることによって，今後の関わりをより意味深いものにするためのきっか
けとしたいと考えている。

1　実務家大学教員の学校への関わり

　筆者が大学の実務家教員として学校に関わるのは，はじめて大学教員となっ
た12年前の環太平洋大学在籍時から2022年現在も継続中である。具体的な関
わり方としては，大きく分けて次の３つのケースがある。それぞれについて具
体的な関わりの内容を紹介する。

（1）校内研修会への関わり ……………………………………………………
　まず一番多い機会は，各学校が行う校内研修会での研究授業公開の参観と事
後に行われる研究会での指導助言である。一般的に各学校では，教師力，授業
力の向上をはかるために，努力目標としての学校研修目標を掲げ，研究計画を
立案し，それに基づいて研究授業を実践していく。その研究授業の指導助言者
として学校からの招聘依頼を受けて日程調整の上，研究授業の時間に合わせて
訪問し，校内研修会に参加するのである。筆者の場合は，教育方法の研究者と
して，多くの場合大学へ学長宛に派遣依頼をもらい，研究活動の一環として参
加させていただいている。毎年10校以上からの依頼をいただき，各学校年間３
回程度，多い学校は６回の研究授業参観，指導助言（図１参照）を行っている。
筆者の場合，この事後研修では同僚の先生方がお互いにコメントを言い合う間
に研究授業中に撮影した画像にコメントを加えたプレゼンテーションを作成し，
筆者の指導助言の際に提示して今回公開された授業からの学びを共有し，具体
的なアドバイスができるように工夫している。全体授業研究として，全員の先
生がつい先ほど参観した授業なので，そこで実際に展開された教育方法の良さ
や課題，子どもたちの学びの姿などを実感的に学ぶことができると考えて筆者

図1　研究授業事後研修会の様子　　図2　ホームページに紹介された資料

がこの仕事を始めて数年後からもう10年以上このスタイルで行っている。さらに，個々で作成したプレゼンテーションは，研修会後，学校に提供させていただき，共有してもらうようにしている。学校によっては，ホームページでその研修会での学びを紹介しているところもある（図2参照）。

（2）各地域教育委員会，私立学校からのアドバイザー委嘱による関わり…

　2つめの機会としては，教育委員会からアドバイザーの委嘱をいただき小中学校や先生方に関わらせてもらう，地域教育への関わりである。公立小学校現職教員時代から関わらせてもらって以来，10年以上市内の多くの学校に招聘された三重県のN市の学力向上アドバイザーに始まり，大阪府のT市では，若手教員の研究のアドバイザーとして関わり，兵庫県のA市では，2022年現在も継続して10年以上スーパーバイザーの委嘱を受けて学校からの授業研究の講師依頼を教育委員会を通して受けている。また，これも2022年現在，兵庫県のT町からは学力向上推進アドバイザーの委嘱を受け，町内のすべての小中学校に学力向上研修としての研究授業に出向き，指導助言とともに，町教育委員会が立案した学力向上3カ年計画の推進と学力向上推進委員会における町の学力向上の取り組みについて指導助言を行っている。さらに，現在所属している森ノ宮医療大学に最も近い学校として，大阪金剛インターナショナル小・中・高

からは地域貢献の意味もあり，理事長・学校長より教育顧問の委嘱を受け，小・中・高すべての教員の授業参観を行い，授業評価を行っている。これに関しては，教育方法の研究者としての授業方法，教師力の向上へのアドバイスとともに，私立学校長，理事の経験から生まれる特色を活かした学校運営や教員管理，児童・生徒指導に至るまでの学校全体への支援を行っている。

（3）講演による関わり

　最後に3つめの関わりは，(1)の学校の校内研修や(2)の教育委員会や私立学校からの委嘱による関わりの発展で依頼される様々な講演活動による関わりである。これは都道府県教育委員会から夏休みなどに依頼される教員研修会の講演や公開授業研究会の記念講演，さらには，PTA，地域などからの依頼による教育講演，子育て講演などである。テーマにもよるが筆者の場合，教育方法，特別支援教育が専門であるため，講演会プラス，ワークショップや師範授業なども西日本が中心であるが地域を越えて依頼を受けている。会場が学校であることが多く，参加者もほとんどが教員，保護者である。こうした講演会では，どうしてもこちらからの発信が中心になりがちなので，できるだけ参加型のワークショップを規模が許す限り組み込むようにするとともに，学校教育，家庭教育において実際に活用できるチェックポイントなどを示し，確認してもらうような機会を設定している。

　一番最近では，大阪市のPTAからの依頼で「未来を生き抜く逞しい子どもを育てる教育方法」というテーマで講演し，まとめとして，「すべての子どもが未来を生き抜くために大切なチェックポイント10」（図3参照）を示した。よりよい子育ての教育方法のチェックポイントとして確認する

まとめにかえて…
1　すべての子どもが未来を生き抜くために大切なチェックポイント10
❶伝わる声で挨拶できますか？
❷周りの変化に興味がありますか？
❸新しいことに躊躇なく取り組めますか？
❹考えること、考える場面に慣れていますか？
❺書くことに抵抗はないですか？
❻人と話すことに積極的ですか？
❼理由を伝えることが習慣になっていますか？
❽人の話を最後まで聞くことができますか？
❾褒められたことを素直に喜ぶことができますか？
❿自分で目標や夢を設定できますか？
よりよい子育てのための教育方法のポイントでもある

図3　大阪市PTAの講演会でのスライド

ことができるように学校や家庭での共通実践を提案し，その実践が子どもたち
が未来を生き抜くために必要な教育を行うことにつながることを示唆した。

　以上が実務家大学教員として筆者が長年にわたり取り組み，現在も継続して
行っている学校教育，学校現場への関わりの具体である。続いては，こうした
関わりが学校教育にどのような意味を持ち，貢献につながっているかについて
述べていくこととする。

2　貢献となり得る成果の還元を目指して

　筆者がこれまで長年にわたって行ってきた学校教育への関わりを通して，学
校教育への貢献となり，学校や教員，子どもたちに還元できたのではないかと
手ごたえを感じているものについて，以下の2つの観点から述べていく。

（1）実践理論による学校研究への還元 ……………………………………
　1つめは筆者の実践理論が学校研究に活かされることによる還元である。こ
れまで世に送り出してきた拙き著書や実践論文などは学校の研究推進の方向性
立案に役立てていただいている。もちろん筆者が実際に関わっている学校が中
心であるが，一番多く参考にしていただいているのが，恩師である梶田叡一先
生に監修いただき，執筆した単著『明日からできる活用力育成　言葉を鍛えて
学力向上』（梶田監修 阿部，2014）において提案した子どもたちに確かな言葉
を活用する力を育み，学力向上を実現するための教室チェックポイントである。
筆者が学校研究に関わって2022年度で7年目を迎える兵庫県K市のK小学校
では，図4のように学校研究構想や方針の中に筆者の実践理論を組み込んだ授
業研究に取り組んでもらっている。

　こうした構想による学校の研究がよりよい授業実践を生み出し，子どもたち
の学力向上に貢献されることにつながることを願うばかりである。

①教室チェックポイント10
　阿部秀高先生が提唱されている、『言葉を鍛えて学力向上』を実現するための教室チェックポイント10を意識して、徹底するための工夫を行っていく。

```
          『言葉を鍛えて学力向上』を実現するための
                  教室チェックポイント１０
  ① 声づくりはできていますか（音読・発表）
  ② 相手意識は持たせていますか（話す・書く）
  ③ めあては共有していますか
  ④ 一人一人に考えを持つ場（思考の場）を設定していますか
  ⑤ 自分の考えを目に見える形にしていますか
  ⑥ コミュニケーションの場を工夫していますか
                              （ペア・グループ・席順）
  ⑦ 理由（根拠）を話させていますか
  ⑧ 子どもの発言を本当に大切にしていますか
  ⑨ 子どもを本当に評価できていますか（モデルとして広げる）
  ⑩ めあてにかえって確かな振り返りができていますか
```

5. 今年度の取り組み

　今までに培ってきたことを活用しながら、特別支援教育の視点も入れて学年ごとに研修を深める。普段から特別支援教育の視点を意識して授業を行い、指導案を作成する際にはその手立ても明記する。

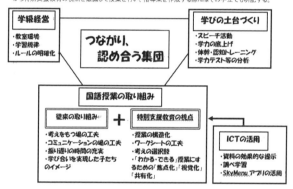

図4　兵庫県Ｋ市Ｋ小学校研究構想

（2）児童生徒の学力向上への貢献による還元 ……………………………

　２つめは，学力向上への貢献による還元である。前述したはじめて学力向上アドバイザーを委嘱いただいた三重県Ｎ市から依頼された全国一斉学力・学習状況調査（以下，全国学調）の結果分析とその結果を各学校にフィードバックするために行った研修会における講演によって，先生方に全国学調で求められているこれからの学力のあり方，子どもたちへつけたい力などへの意識付けを行うことができた。その講演で特に強調したのは，全国学調では，図5の「祖

母によくわかるデジカメの説明書を作ろう（平成24年中学3年国語）」のように相手意識，目的意識が明確な場面における思考・判断・表現が求められることである。さらに，これまでの出題の分析から，全国学調で求められている思考・判断・表現力を育成するために，普段の授業で子どもたちにつけたい力として意識していくことが大切であることを図6のようにまとめて，授業の構想

学力調査に見る思考・判断・表現力

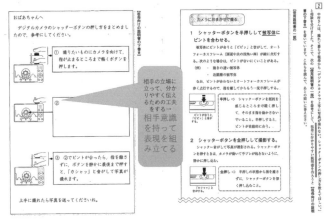

図5　三重県N市講演スライド：問題分析
（問題の出典は国立教育政策研究所 平成24年度全国学力・学習状況
調査　中学校国語B問題　大問2(1)）

これからの学力として求められる思考・判断・表現力

❶ 整理・分類
❷ 意図をくみ取る力
❸ 効果を考える力
❹ 理由・根拠を述べる力
❺ 想定する力
❻ 相手意識を持って言葉を組み立てる力
❼ 非連続テキストの読解と活用した表現力
❽ 特徴を捉える

全国学力・学習状況調査で求められる力

図6　三重県N市講演スライド：全国学調で求められる力

の際にめあてづくりに活用してもらうことを示唆した。こうした研修や授業研究におよそ3年間関わらせていただき，その間三重県N市からは，全国学調の結果に成果が見られるようになったという嬉しい知らせが届けられた。

　さらに，全国学調の成果としては，共に7年間にわたって授業研究に関わった兵庫県I市のI小学校，T小学校において，全国学調において，市内でも低調だった成績が，授業研究を重ね，先生方の授業への意識が高まるにつれてどんどん向上し，全国平均を上回るまでになったことがある。先に述べた三重県N市と兵庫県I市の2校に共通して言えることは，長年にわたって関わらせていただき，その中で先生方の意識・意欲の高まりを目の当たりにしているという点である。先生方の授業への取り組みの変容による授業の質の高まりが生み出した成果であることがよくわかるのが，図7に示すT小学校の市指定の公開授業研究会の研究紀要に掲載された筆者がT小学校のあゆみを綴った文章に現れている。

　この文章には，教育現場出身の実務家の大学教員である筆者が自らの研究と経験を活かして学校にどのように関わっていったのかが現れている。先生方と共によりよい授業づくりを通して，子どもたちをよりよく育てたいという共通する思いがあるからこそ，このような成果につながっていったことが推察できる。こうした先生方の意識の変容による成果は，現在学力向上推進アドバイザーとしてすべての学校で研究授業に参加し学力向上推進3カ年計画に関わっている兵庫県T町においても感じられている。計画の実質の2年目となる2021年度最初の全国学調において小学校5校の平均が目標であった全国平均を上回るという目標を早くも達成することができた。まさに，I市と同じような成果の表れがとても早いペースで起こったのである。

　以上が筆者が手応えを感じている学校教育への関わりによる成果の還元である。もちろん，これらは筆者のアドバイスを教育実践に活かしていただき，子どもたちに合わせて工夫されて実践された学校，先生方の成果であり，筆者はあくまで外部協力者として末席で関わったにすぎない。これらの関わりがわず

I 市立 T 小学校と共に歩んだ研究の歩み　　　　　森ノ宮医療大学　阿部秀高

●確かな言葉の力の育成をめざして

　私と T 小学校の出会いは，7 年前に遡ります。当時の校長先生から，若い先生方が増える中で「先生方が自信を持って授業ができるようにしたい」という学校づくりに対する熱い思いを伺い，授業研究の指導助言のご依頼を引き受けました。当時の T 小学校は，それまで取り組まれてきた国語科の研究から，学習指導要領の改訂，教育改革の新たな波を見据えて，子どもたち一人ひとりに確かな言葉の力を育むより具体的な授業の在り方を教員集団がイメージ共有していくことが必要であると，校長先生は考えられてのことでした。

　そして，2015 年度より T 小学校との共同研究が始まりました。振り返ってみるとこれまで関わってきた I 市のどの学校とも長年にわたって先生方とともに研究に取り組むことができた経験から，T 小学校ともこれから共に腰を据えた研究ができるという期待が大きかったことを憶えています。しかし実際に研修を始めてみると，当時の T 小学校の国語科の授業は，これまでの研究の手法から，自由に感じたことを発言し合い，それらを教師がまとめていくという教師の経験がものを言う職人気質な授業展開がなされていました。その研究の良さを伝承し，発展させていく上で，教師の世代交代が進み，経験の浅い先生が増える時代となり，よりシンプルで子どもたち一人ひとりに確かな成長を促す授業づくりに転換していく必要がありました。ここからが T 小学校の教育改革の始まりでした。子どもたちに力をつけるために，学校を少しでもよくするために，試行錯誤しながら，懸命に取り組まれる先生方の姿を目の当たりにし，T 小学校の教師集団の変化を感じ始めました。1，2 年目は学期に 1 回の授業研究と夏休みの授業力向上研修を行い，先生方との関係もできて，研究授業の講評も徐々に突っ込んだ内容になっていきました。

●伝え合い，学び合う子をめざして

　3 年目に入ると，研究に大きな進展が見えました。2018 年度 I 市教育委員会指定研究発表会「伝え合い，学び合う子をめざして」開催に向けて，新しい学習指導要領が求める授業づくりをめざす先生方の研究授業への取り組み方の姿勢の変化がより一層前のめりになりました。私が一番驚いたのは，先生方から低学団・中学団・高学団で行う年 3 回の校内全体研究授業だけでなく，一人一授業を行っている他の学年の授業にも助言に入って欲しいという要望が出たことです。それに可能な限り応え，先生方の授業をより多く見せていただくようになりました。それ以降は回を追うごとに授業の安定感が増していくのを感じるとともに，先生方の事後研究会での発言や討論も白熱したものになっていったのが強く印象に残っています。今考えると，研究会をめざすという目的意識はやはり，先生方のモチベーションを上げるものであり，研究会は授業力向上に大きな効果があることを痛感しました。そして，研究会では，これまでの研究の足跡がみえる 3 本の授業が公開され，めあてを達成するための確かな伝え合いの姿が見られました。

●すべての子どもに確かな成長を～振り返りからはじめる授業づくり

　さらに，4 年目以降からは，私が森ノ宮医療大学に転勤し，ちょうど特別支援教育を主軸において研究をはじめた時期に，特別支援学級の先生方からお声かけいただき，特別支援学級において行われている支援を通常の学級の授業に活かすという研究に取り組むことになりました。特別支援学級の合同自立活動の授業における支援は，まさに一人ひとりのニーズに応じる工夫がなされていました。その支援の手法を通常の学級でも活かすことによって，通常の学級に在籍する支援を要する子どもたちにも学びやすく，すべての子どもに確かな成長をもたらす授業づくりをめざして更なる実践を積み重ねていくことになりました。

　そのために，授業研究の重点をこれまで大切にしてきた，めあてとともに，振り返りにも大きなウエートを置くようになりました。このあたりから授業の成果としての振り返りを強く意識して授業づくりを行うようになっていったのです。これは私の指導助言の中でお伝えしてきた，常に目的に対する成果から逆向きに授業を設計することの重要性を先生方が受けとめ，実践化に努力をいただいている現れだと嬉しく思っております。

　こうして，今回の公開研究会にあたりテーマに掲げられているのが，「振り返りからはじめる授業づくり」であります。授業をつくる上で既習事項を振り返り，本時の授業に向かうことはごく当たり前のことであります。T 小学校では，本時の振り返りを授業以前にイメージし，その上でめあてを立てるということを授業構想段階で大切にし，そして，授業後の振り返りをまた次の授業で活かすことによって，授業を連続したものにしていくということに取り組んでいます。本日の授業でも，導入で子どもたちが前時の振り返りを自分の言葉で説明しているかと思います。こうして，振り返りから本時のめあてにつながり，確かな振り返りを行うことによって，次の授業につないでいくという T 小学校の授業スタイルは，一人ひとりに学習の意義，目的，そして成果への見通しを持たせることによって，子どもたちの主体的な学びを生み出しております。

　そうしたところ，先日，うれしい知らせが届きました。昨年度コロナ禍で中止しておりましたが，今年度は実施された全国学力学習状況調査において 6 年生が飛躍的な伸びを見せたというのです。因果関係は証明できませんが，こうした成果は数年前 I 市の別の小学校でも起こりました。これまでの先生方の授業づくりの成果と子どもの変容を重ねて考えると，研究の成果として捉えても良いと考えられます。実際，子どもたちの授業へ向かう姿勢や話す言葉の質・言葉の豊かさなどの工夫と相まって，学校，授業中の様子から明らかであると言えるでしょう。こうした学校研究への先生方の熱意，子どもたちの成長が I 市から全国に広がっていくことを願い，校長先生をはじめ T 小学校の先生方のご努力に心より敬意と感謝の意を表します。

令和 3 年 11 月吉日

図7　T 小学校と筆者の研究の歩み

かでも学校，先生方のヒントとなり，還元されたことを嬉しく思う次第である。

3　さらなる貢献の可能性を探る

　これまで述べてきたとおり，我々大学の教育系実務家教員は，自身の研究を通して学校教育に貢献し，具体的な成果を生み出すことを目指すことが重要な使命であると改めて思う。筆者としては，2022年度も多くの学校から学校研修への参画依頼をいただいているが，その中で，さらなる新たな貢献の可能性を探っていくことも大切であると考えている。それはつまり自身の新しい研究を進めていくことであり，それを長年にわたって関わっている学校を中心に感謝の気持ちをこめて，学校にとって有益な教育方法やカリキュラムのあり方，授業プランなどをできるだけ無理ない形で紹介し，活用してもらうことであると考えている。中でも今一番学校の教育力の向上，教師力の向上に有効なものとしては，GIGAスクール構想によって一人一台パソコン・タブレットの時代に突入した教育現場へのeポートフォリオシステムの導入と活用による学習成果の蓄積と活用の実践である。株式会社NSDが提供するeポートフォリオシステム「まなBOX」は，現在提供されているシステムの中でもeポートフォリオとして最も使いやすいと考えている。この「まなBOX」が優れているのは，

図8　まなBOX画面例

クラウドサービスであり，ネット環境があればどこでも使え，eポートフォリオに特化している点と，子ども一人ひとりの学習成果や学びの実際を学年を越えて長期間，教科ごと活動ごとに整理分類しながら蓄積できること，さらには蓄積した学びによってこれまでの成果とその過程を時系列で振り返ることができる点にある。図7はまなBOXの週の学習記録を一覧で見ることができる画面例である。その日の何時間目にどんなめあてで学習し，どんな成果があったか（ノートや成果物など）の蓄積をいつでも簡単に閲覧することができる。こうしたまなBOXを活用する利点は以下の通りである。

まなBOX（デジタルポートフォリオ）活用の利点
❶普段の授業の中でデジタルポートフォリオづくりを行う
　→学習履歴の保障・保護者への説明責任
❷既習事項→めあて→自力解決・交流→振り返り
　→すべての授業準備・予定の明確化，成果の可視化
❸学習履歴に基づく確かな評価
　→一人ひとりへの適正な評価→効率的な引き継ぎ

　これらは，教師・子どもいずれにとっても学習履歴の活用，それに基づく学びの可視化から成果の自覚化につながっていくと感じている。今後教育にもエビデンスが求められるという点において，このシステムを活用することは未来の教育を見据えて重要であり，学びを長きにわたって蓄積していくということは一朝一夕にできないため，できるだけ早く取り組むことが重要である。そのため筆者としては，より広くこのシステムの利点を紹介しつつ，それを活用した実践を積み重ねていくことが今後の学校への貢献として重要であると考えている。

おわりに
　我々大学の実務家教員が自らの研究分野である学校教育においてどのように

社会に貢献していくことができるかについて述べてきた。筆者自身の経験を振り返ってみると貢献のためには，やはり継続的な関わりが必要であり，何年にもわたり同じ学校に求められ，必要とされなければ，なかなか成果を出すには至らないことを実感している。そう考えると，我々が自らの研究を時代に合わせてその必要性を見極め，学校の先生方や子どもたちにいかに還元させるように努力するかが重要であることがわかる。AI が発達し，人間らしさがより求められる未来における，新たな教育のあり方を探っていく中で，我々大学教員と学校現場との連携はより重要になってくると考える。それぞれの立場の，特長を活かした関わりを通してよりよい成果を生み出していくことを目指し，これからも学校に足を運び，先生方，子どもたちと共に学ぶ姿勢を大切にしていきたい。

参考文献

梶田叡一監修，阿部秀高著『明日からできる活用力育成　言葉を鍛えて学力向上』文溪堂，2014

阿部秀高「インクルーシブ教育システムの構築とその必要性——人・場所・心をつなぐ指導支援の在り方」『人間教育学研究』2022

特別寄稿

時短・業務縮小だけが「働き方改革」か

誇りとやりがいのある「教職」に

宮坂 政宏〇みやさか　まさひろ

ストレス要因から「逃れられない」教職の特殊性

　コロナ禍以前から盛んに問われているのが「働き方改革」である。この課題について，2019年に発行された『教育フォーラム第63号』で，筆者は，桃山学院教育大学教育学部の栗岡住子教授とともに「教師の働き方改革，『健康な職場』の形成を」をテーマとする論考を発表した。本稿はその続編ともいえる内容である。

　第63号では，子どもをめぐる状況が大きく変化し，また，子ども自身もその育ちの環境を含め様々な困難を抱える中，指導内容（学力の3要素が明確化された）・方法（主体的，対話的，深い学びなど）の充実が求められ，教師は加速する変化，より多様化する教育課題にこれまで以上に丁寧な対応が求められる現状について，まず概観した。一方でこのように対応する課題が多くなれ

ば，ただでさえ世界で一番多忙なのに（国立教育政策研究所編，2019，以下TALIS 2018調査），一層の時間的・精神的な負担がかかってくる。職に忠実であろうとすればするほど，まるでカミュが描いた不条理の世界のように，やってもやっても果てしなく続く困苦に苛まれてしまうことになる。TALIS2018調査では教師の自己効力感の低さも明らかにされた。また，「強いストレスがある」とするメンタルの不調もハイレベルだ（文部科学省，2013）。現在，時短を中心に労働条件の改善が進められつつあるが，一時は，「過労死ライン（月80時間の残業）」を超す，週当たり60時間以上勤務（週当たり20時間以上の残業）している教師は小学校34％，中学校58％にも上った（文部科学省，2017）。その結果教師の心身は苛まれ，強い職業性ストレスを生起させ，病気休職者を発生させる。令和2年度には全病気休職者7,635人のうち68％に当たる5,180人が精神疾患であった。また，在職者に占める精神疾患は0.56％となり，10年以上にわたり0.5％超の数値を記録している（文部科学省，2021）。ストレスを起こす要因（ストレッサー）は個人的なもの，仕事外の要因，職場内の要因（職業性ストレス）であるが，教師の場合は「生徒指導」，「事務的な仕事」，「学習指導」，「業務の質」，「保護者への対応」，「校外行事への対応」，「同僚との人間関係」，「部活動指導」，「上司との人間関係」など職業性ストレスが高い。このすべての項目に関し3割以上の教師が「強いストレス」を感じ，「生徒指導」，「事務的な仕事」，「学習指導」に関しては6割以上に跳ね上がる（前掲 文部科学省，2013）。しかもこれらの職務は教職の中心的な業務でありこのストレス要因からは逃れることはできない。

ストレス「緩衝要因」を働かせる

　文部科学省の「教職員のメンタルヘルス対策検討会議」（専門家や現場関係者らからなる）では，2013年「教職員のメンタルヘルス対策について最終まとめ」の中で「予防的取組の必要性」を強調した。予防的取組の中で重要になるのは「ストレス要因」を軽減する，「緩衝要因」を働かせることであるが，教師の場

合上述の通りストレス要因は教職の中心的な業務であることから軽減すること
は難しい。そのため緩衝要因がストレス軽減の重要なカギとなる。緩衝要因が
働くことでストレスの緩和はもちろん，結果として教育活動の活性化・成果に
つながることが期待できる。検討会議は予防策の一つとして「良好な職場環境・
雰囲気の醸成」といった職場の環境要因を重要な緩衝要因として指摘している。
また，中央教育審議会答申（2019）においても「教師が児童生徒としっかりと
向き合い，教師本来の業務に専門性を発揮し，やりがいを持って働き続けられ
る環境を整えていく」ことが強調されている。これは，まさに梶田（1999）の「や
る気と積極性がみなぎり，暖かく一体感がある職場」づくりと通底する。また，
栗岡・宮坂（2019）ではこれらの背景を踏まえて，教師と同じ対人関係職であ
る保育者を対象として，緩衝要因として何が関連するのかを明らかにした。調
査・分析の結果「パフォーマンス」「職務満足」「子どもと向き合う姿勢」が高
い保育士が共通して持っている要因として，特にリーダーシップ，組織的公正，
ソーシャルサポート，ソーシャル・キャピタル，上司・同僚の支援，「ワーク・
エンゲイジメント」などとの関連が強かった。まず，これらの緩衝要因を働か
せることが重要と考える。

ワーク・エンゲイジメントの創出を

　次に，筆者が注目したのはワーク・エンゲイジメントである。梶田（1999）
が指摘する「やる気と積極性がみなぎる」職場とは，言い換えればワーク・エ
ンゲイジメント，職務満足が高く，結果として労働が高い生産性（パフォーマ
ンス）を発揮できる職場のことではないか。
　ちなみに，「ワーク・エンゲイジメント」については，栗岡・宮坂（2019）
でも取り上げた。ワーク・エンゲイジメントとは，「活力（vigor），熱意・専心・
献身（dedication），没頭（absorption）」から構成されており，これらが一時
的な関わりとして発揮されるのではなく持続的で全般的に発揮されることであ
る（Schaufeli et al., 2002）。健康な職場づくりにおいては，職務に対しポジティ

ブに関わろうとするワーク・エンゲイジメントは重要な要素である。と同時に労働生産性（パフォーマンス）が発揮できる職場の要因の一つである。

　このように，ワーク・エンゲイジメントは教師が実践を進めるにあたって重要な意味があると考えた。

　また，今回も，ワーク・エンゲイジメントに注目した背景としては，例えば，北海道教育大学，愛知教育大学，東京学芸大学，大阪教育大学が共同で実施した「大学間連携による教員養成の高度化支援システムの構築教員養成ルネッサンス・HATOプロジェクト」の一環として行った「教員の魅力調査のプロジェクト」での「教員の仕事と意識に関する調査」（2016年　小中高校教員約1万人対象，回答5,373人）がある。同調査の中で「『学校の先生』の仕事とは，どんな仕事だと」思うか，という質問に対し，「責任が重い」，「忙しい」，「苦労が多い」が小中高校ともに90%を超えるなど，厳しい現実が明らかになったが，「子どものためになる」「世の中のためになる」と教職の意義や，「楽しい仕事」（小学校で8割超，中高校で7割超）と回答する教員も高い比率を示した。「教員の仕事について感じること」についても「今の仕事は楽しい」と回答する小中高校教員がいずれも8割を超えるなど，「多忙」かつ「苦労が多い」という困難な状況がありながら，仕事そのものは楽しいと感じていることが分かる。「楽しい」ことがストレスの対極にあり，結果として指導の向上につながっているのではないか，ということが見て取れる。

　働き方改革は時短などの労働環境の改善を中心に進められており，職務に対する満足などの成果も上がっている。しかし，厚生労働省（2018）では「ワーク・エンゲイジメントが仕事を『している時』の感情や認知を指す一方で，職務満足感は仕事『そのものに対する』感情や認知を指す点で差異があり，どちらも『仕事への態度・認知』について肯定的な状態であるが，後者は仕事に没頭している訳ではないため，『活動水準』が低い。」と指摘するように職務満足度が増したからといって活動水準が高まるわけではなく，パフォーマンスの向上のカギはワーク・エンゲイジメントが握っている，と報告している。また，近年，日本経済団体連合会（経団連）なども労働生産性の向上に資することから，その

重要性に着目している（日本経済団体連合会，2020；2021a；2021b）。ワーク・エンゲイジメントの経年変化について調査しているパーソル総合研究所・シンクタンク本部の金本(2021)は「会社満足度は高まったが，仕事への意欲が高まっていない要因は，働き方改革において主に残業規制や在宅勤務，育児・介護休業等の制度導入といったワーク・エンゲイジメントの規定要因ではないハード面の改革が先行したからだ」と，ワーク・エンゲイジメントを高める重要性について問題提起している。木下（2022）も労働環境が改善されたものの，「働き手の仕事への充実感や達成感といった『働きがい』が高まらない」という実態について問題提起している。つまり，従来の時短等の労働環境を中心とする「働き方改革」だけでは働く意欲やパフォーマンスが十分に高まることはない，ということだ。

教師の職務を支えるワーク・エンゲイジメント

　以上を踏まえて，今日指導が極めて困難な学校の教師に対する後述のアンケート調査を行うことでストレスの対極にあり，パフォーマンスを高める要因について考察したい。

　この調査は栗岡・宮坂（2019）で紹介した保育士調査の後，生徒指導で困難を抱えるA県の公立高校の教師60人（回収50人）を対象とする質問紙によるアンケート調査を行ったものである。調査時期は2019年9月で，今回の教師調査は，前回紹介した保育士調査と同様の質問紙を用いた。倫理的配慮として調査実施に当たり桃山学院教育大学の研究倫理委員会の審査・承認を受けた。質問紙は無記名で提出は自由意思，研究の主旨，回答は統計的に処理し個人が特定されることはないこと，結果を公表すること等を調査前に伝えた。

　記述統計の中からピックアップして，前回の保育士調査並びに同時期に栗岡教授が調査・分析した病院職員，社会福祉施設職員といった同じ対人援助職との比較もしてみた。

　調査結果を見ると教師が極めて強いストレスにさらされ，努力─報酬不均衡

の度合いや離職意思が高く，職務満足度も低いことが明らかになった。

　このように厳しい現状の中，ワーク・エンゲイジメントが日々の教師の職務を支えているかどうかを調べると，ストレスがあっても，高い労働生産性（パフォーマンス）の背景としてワーク・エンゲイジメントを構成する「熱意」の要素があることが明らかとなった。この調査については今後分析を進めるが，教師にとって，働き方改革の重要な要素としてワーク・エンゲイジメントがあるのでは，と考えられる。

　「熱意」の要素は，島津（2014）によれば「仕事に誇りや，やりがいを感じている」ことであり，教師に関しても厚生労働省，経団連が訴える働きがい＝やりがい，の要素が「働き方改革」に通じるのではないか。

　それでは，以下に教師と他の対人援助職との比較，ならびにワーク・エンゲイジメントを構成する「熱意」とストレス，パフォーマンスとの関連性について記載したい。

教師と他の対人援助職との比較

　比較した項目は①努力―報酬不均衡者（職務要因）の割合，②ストレス，③職務満足，④労働生産性（パフォーマンス），⑤離職意思，である。これらの結果を見ても教職の厳しさがうかがえる。

　まず努力―報酬不均衡者（職務要因）の割合であるが，表１のとおり保育士，病院職員，社会福祉施設職員と比べてかなり高い数値となった。努力―報酬不均衡というのは「努力」（仕事の要求度，責任，負担など）と「報酬」（経済的，心理的，昇進・仕事の安定性などキャリア面での報酬）の二つの軸で慢性的なストレス状況を把握するもので，努力が報酬を上回っている者の割合を示す。

　次にストレスの値であるが，これに関しては極めて高くなっている。対象とした学校が生徒指導で課題の多いところであったことも影響していると考えられる。

　職務満足度もＢ病院に次いで低い値を示している。

労働生産性も低い。

離職意思は他の職と比較して高い。

以上示したように，教師はいずれの項目においても他の対人援助職と比べて良いとはいえない。極めて厳しい状況下にあるといってよい。

※社会福祉施設職員，病院職員に対するアンケート調査は，いずれも 2016 – 2017年に行った栗岡教授によるものである。

表1　努力報酬不均衡者の割合（単位：％）

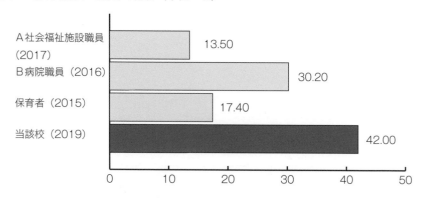

表2　ストレス（平均値）（単位：点）

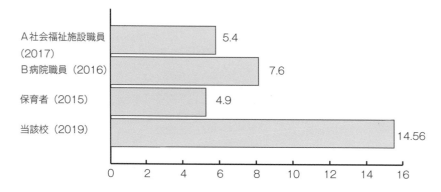

表3　職務満足（平均値）（単位：点）

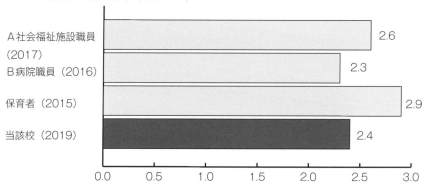

表4　労働生産性（パフォーマンス）（単位：点）

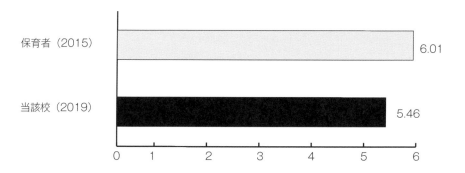

表5　離職意思（単位：点）

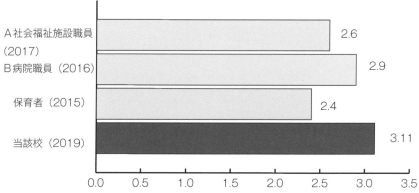

やりがい，誇りを持つことが「働き方改革」のカギ

　それでもワーク・エンゲイジメントの構成要素である熱意＝「やりがい」「誇り」を持って職にあたる教師はストレスが低く，労働生産性（パフォーマンス）も高いことが明らかになった。表6はワーク・エンゲイジメントの構成要素である「熱意」の得点を高得点群と低得点群に分け，ストレス，労働生産性（パフォーマンス）の得点と平均値のt検定を行ったものである。この結果を見ると有意（統計学的有意水準は0.05未満とした）に関連性があることが明らかとなった。

表6　ワーク・エンゲイジメント（熱意）得点の高群及び低群における平均値の比較

Variables	ワーク・エンゲイジメント（熱意）得点			
	低群 (n = 25)	高群 (n = 25)	p	*< 0.05 **< 0.01
ストレス	2.87	2.32	0.026 *	
労働生産性（パフォーマンス）	4.92	6	0.035 *	

　働き方改革については，ワークライフバランス，という方向性もあったが，主に労働時間，業務の縮小・効率化を中心に語られてきた気がする。「教師の多忙」もしかり，である。しかし，幾度も述べるが，教師の場合の「ストレス要因」は教職の中心的な業務であり縮減はすなわち指導の後退を意味する。ここでも明らかにしたように，ワーク・エンゲイジメントを生み出し現在の厳しい状況を緩和している要因に目を向ける必要があるのではないか。

参考文献

中央教育審議会「新しい時代の教育に向けた持続可能な学校指導・運営体制の構築のための学校における働き方改革に関する総合的な方策について（答申）」2019

北海道教育大学・愛知教育大学・東京学芸大学・大阪教育大学「教員の仕事と意識に関する調査」国

立大学法人 愛知教育大学・㈱ベネッセホールディングス・ベネッセ教育総合研究所, 2016

梶田叡一「学校が燃えるカリキュラム創りのために」人間教育研究協議会編『教育フォーラム23』金子書房, 1999

金本麻里「働き方改革の進展と働く人の心的状態の変化」パーソル総合研究所ホームページ, 2021
　https://rc.persol-group.co.jp/thinktank/column/202112030001.html（2022年 5 月 4 日閲覧）

木下英昭「『働きがい改革』道半ば　『仕事に熱意』 6 割弱どまり　海外と差埋まらず」日本経済新聞
　2022年 5 月 1 日付

国立教育政策研究所編（2019）『教員環境の国際比較　OECD国際教員指導環境調査（TALIS）2018報告書—学び続ける教員と校長』ぎょうせい, 2019

厚生労働省「平成30年版　労働経済の分析—働き方の多様化に応じた人材育成の在り方について」
　2018

栗岡住子・宮坂政宏「教員の働き方改革,『健康な職場』の形成を—『やる気と積極性がみなぎり、暖かく一体感がある学校』を目指して」梶田叡一責任編集・日本人間教育学会編『教育フォーラム63』金子書房, 2019

文部科学省教職員のメンタルヘルス対策検討会議「教職員のメンタルヘルス対策について（最終まとめ）」2013

文部科学省「教職員のメンタルヘルスに関する調査」2013

文部科学省「令和 2 年度公立学校教職員の人事行政調査」2021

文部科学省初等中等教育局「教員勤務実態調査」2017

日本経済団体連合会「。新成長戦略」2020
　https://www.keidanren.or.jp/policy/2020/108_honbun.pdf（2002年 5 月 5 日閲覧）

日本経済団体連合会『2021年版 経営労働政策特別委員会報告—エンゲージメントを高めてウィズコロナ時代を乗り越え, Society 5.0 の実現を目指す』経団連出版, 2021a

日本経済団体連合会　報告書「副業・兼業の促進—働き方改革フェーズⅡとエンゲージメント向上を目指して」2021b
　https://www.keidanren.or.jp/policy/2021/090_honbun.pdf（2022年 5 月 4 日閲覧）

Schaufeli W. B., Salanova M., Gonzalez-Roma V. & Bakker, A. The measurement of engagement and burnout : A two sample confirmatory factor analytic approach, Journal Happiness Studies, 3,

71-92.2002

島津明人『ワーク・エンゲイジメント―ポジティブメンタルヘルスで活力ある毎日を』労働調査会,
2014

あ と が き

　毎日毎日の日常的なことをやっていくだけでも，年月を重ねていけば，人は大きく変容していく。日々体験したことが積み重なって，その人の感性も能力も，そして意識世界の基本的なあり方も，いつの間にか新たなものになっていく。そうした人としての変容を，自覚的な「自己への働きかけ」によって自分自身の目指す方向に向けて推進していく営みが，「自己を創る」ということである。そこでは，日々陥りがちな無自覚な生き方から自覚したあり方への脱皮が，課題として突きつけられざるをえなくなる。状況の中で形成されていくだけのあり方から抜け出して，自分自身で自分を形成していくという基本姿勢が求められることになる。こうした「自己を創る」課題に，どう取組んでいったらいいのか，そこにはどのような展望があるのか，といった問題をこの号では特集している。そして各執筆者の方々が，それぞれの視点なり立場なりに立って，この問題へのご自分の見解を提出してくださっている。人間教育の実現を目指す方々，主体的な「人創り」を念頭に置いておられる方々に，いろいろな意味でヒントとなる点があれば，と念願するものである。

　今日「令和の教育」が言われ，また情報化社会に対応した「GIGAスクール構想」などもクローズアップされている。新しい時代には新しい課題が次々と出てくるのは当然のことである。目の前に突きつけられた今日的課題，「流行」の課題への取組みは，避けて通れないものである。しかしながら，そうした取組みの中で，本質的な課題，「不易」の課題を，いささかも見失うことがあってはならない。学校教育を通じて実現していくべき人間教育の課題，とりわけ本号で特集した「自己を創る」という課題は，そうした意味で「不易」のものであろう。教育界に身を置く我々が，ここらあたりで少しだけ立ち止まって，こうした本質的な事柄について考えてみる必要があるのではないだろうか。

　特集論文の他に，本号にも「特別寄稿」として優れた研究や論考をいくつか掲載させていただくことができた。多彩な論文をお寄せいただいた全ての執筆者の方々に，心から感謝の意を表したい。　　　　　　　　　　　（梶田叡一）

日本人間教育学会News

　日本人間教育学会は，会員の皆様，また，その趣旨にご賛同いただける方々のご協力をいただき，8年目を迎えました。未だ新型コロナウイルスの終息は見られておりませんが，社会経済活動はWithコロナを踏まえた新しい生活様式のもと，徐々に再開されております。本学会でも，引き続き新型コロナウイルスの感染状況を踏まえながら，徐々に対面形式での学会活動を再開していく予定です。皆様方のご支援ご協力の程，宜しくお願い申し上げます。

1．日本人間教育学会　第7回大会　開催報告

　2022年1月22日（土），予定通り，オンデマンド配信による学会大会を開催させていただきました。本学会では初めてのWeb上での大会開催でしたが，特段の問題なく学会を開催させていただくことができました。ご参加の皆様方のご協力に感謝申し上げます。

　午前中の基調講演では，会長の梶田叡一先生より「人間性の涵養をめざして今学校と教師は」ということで，日本の学校教育が大切にする人間教育の観点について，学習指導要領や教授法の歴史的な推移を紐解きながら，未来の学校教育の方向性についてご示唆をいただきました。午後は3分科会に分かれ，それぞれの先生方の人間教育の取り組みについて動画配信形式で口頭研究発表が行われました。オンデマンド配信のため，発表者の先生方には発表動画の準備等でお手数をおかけいたしましたこと，お詫び申し上げます。発表は11本と，対面形式の過去大会と遜色なく，Web上にも関わらず多くの先生方にご視聴いただけましたこと，御礼申し上げます（全視聴回数191回）。

2．日本人間教育学会　第8回大会　開催のお知らせ

　第8回大会は，2022年12月3日（土）に開催させていただきます。本年度は，感染症対策を徹底の上，桃山学院教育大学にて対面形式での開催を

予定しております。口頭研究発表の募集等は，メーリングリストにより8月中に配信を予定しております。本学会への発表をご希望される方は，学会ホームページ（https://www.ningenkyoiku.org/）より，学会にご入会いただきますよう，お願い申し上げます。

３．学会誌『人間教育学研究』第８号発刊報告

　学会誌『人間教育学研究』第８号を，2022年３月31日付けで発刊いたしました。今回は，論文３本，研究ノート６本，実践報告３本の計12本が採択されました。当学会誌では，毎号12〜15本の研究論文が採択されております。人間教育学に関連する研究知見や教育実践について，多くの先生方のご投稿をお待ちしております。

４．学会誌『人間教育学研究』第９号　投稿論文の募集につきまして

　本年度の学会誌『人間教育学研究』第９号の投稿者募集は，2022年７月中に，メーリングリストより募集要項を配信いたします。原稿締め切りは同年10月中を予定しております。なお現在，ホームページ上からの随時投稿は受け付けておりません。第９号に論文の投稿を希望の先生方は，日本人間教育学会にご入会の上，投稿受付開始のメールを受信後から，投稿受付の締め切りまでに，所定のメールアドレスに原稿をご送付ください。ご入会を希望される方は，学会ホームページをご参照の上，ningenkyouiku@gmail.com まで入会申込書のご送付をお願いいたします（入会審査からご入会まで１か月程度を要します。）。

５．会員情報の更新について

　本学会に登録いただいている学会員情報について，登録時からご変更が生じた際は学会メールアドレスまでご一報ください。特にメールアドレスは，学会情報の送信など学会員の皆様と直接連絡させていただく際に重要です。ご変更が生じた際は必ずご連絡いただきますよう，お願いいたします。

（文責　高木悠哉）

日本人間教育学会入会の呼びかけ

　この度，人間としての真の成長を願う「人間教育」の実現を目指す教育研究を推進するために，日本人間教育学会を発足することとなりました。

　「人間教育」の理想は，子どもたちと教育者双方の人間的な成長を視野に入れた理論と実践の対話によって実現するものであると考えています。この方向での研究は，これまで教育学，教育哲学，教育心理学，教育社会学，教育実践学等々の専門分野で行われてきましたが，本学会は学際的にこうした諸研究の統合的発展を目指していきたいと願っています。

　「人間教育」の理想の実現のために本学会は，子どもたちの学力保障と成長保障の両全を目指すと共に，教育者自身のあり方も問いたいと考えています。このことは，師弟関係における師たるものの生き方，あり方を根本的な意味で重視するものであり，教育者自身の人間的な面での研鑽を目指すことでもあります。

　日本の教育は，常に厳しい教育的課題と向き合い，それに真摯に取り組む中で進んできました。そうした中で，ときに日本の学校，教師は，時々の教育的課題や教育の流行に翻弄されることもありましたが，私たち日本人間教育学会は，教育の万古不易の面を強く意識し，一時の流行に流されることのない主体的思考を堅持して教育課題や教育問題を考えていきたいと願っています。日本人間教育学会は，複雑で重要な教育問題，教育的課題ほど，単一の正解はないという教育の特質を踏まえ，この国の未来が教育の中にこそあるという熱い思いを堅持し，学校，教師の疑問や悩みと真剣に向き合う学会として進んでいく決意をしています。そのため，学校と教室における教育成果にこだわり，教育学研究を基礎研究から重視することと共に，研究者と実践者の対話，コラボレーションによる授業提案や日本の教育に求められる実践，取組の提案も重視します。

　このような本学会の趣旨に賛同し，共に自身を謙虚に磨く決意に満ちた教師，大学教員の方々に広く入会を呼びかけます。

みなさん，日本人間教育学会に入会し，教育のあり方の根本に思いをいたし，研究者として，また教育者として，共に自らの人間性を磨き合っていこうではありませんか。

日本人間教育学会　入会申込書

※会員番号						

申込日　　年　　月　　日　　　　　　　　　　　　　　　※幹事会記入欄

会員種別*	正会員　・　学生会員	入会年度	年度

	姓（Last name）	名（First name & Middle name）	
名　前			印
名前（カナ）			
名前（英字）			
生年月日	西暦　　年　　　月　　　日	性　別*　　　　男　・　女	
連絡先*	所属　・　自宅	＊会員種別・性別・連絡先は該当するものを〇で囲んでください ＊連絡先は、会報等の送付先となります	

◆所属先◆

名称・学部			
（部署）		職名	
所在地	（〒　　―　　）		
	TEL	内線：	FAX

◆自宅◆

住　所	（〒　　―　　）		
	TEL		FAX

◆メールアドレス◆　※携帯電話のメールアドレスは登録できません。

E-mail	

◆学歴◆

最終学歴		西暦　　　　年 卒業 修了
専門分野		

◆指導教員◆　※学生会員として申し込む方は、指導教員の情報をご記入ください。

お名前	
所　属	

日本人間教育学会幹事会（桃山学院教育大学内）
〒590-0114　大阪府堺市南区槇塚台4-5-1
TEL：072-288-6655（代）
FAX：072-288-6656
担当：宮坂政宏　MAIL：miyasaka@andrew-edu.ac.jp

日本人間教育学会会則

〈名称〉

第1条　本会は，日本人間教育学会と称する。

第2条　本会の会務を遂行するために幹事会と事務局を置く。幹事会と事務局は，当分の
　　　　間会長所属の大学内に置く。

〈目的と事業〉

第3条　本会は，子どもたちと教育者の人間としての成長を願う「人間教育」の実現のため，
　　　　教育に関わる諸学，例えば教育哲学，教育心理学，教育社会学，教育実践学等々
　　　　の学際的対話，諸研究の統合的発展を目指し，日本の教育課題に正対し，子ども
　　　　たちの学力保障と成長保障を目指し，子どもたちと教育者それぞれが〈我の世界〉
　　　　を生きる力と〈我々の世界〉を生きる力の双方の涵養，研鑽を目的とする。

第4条　本会は，前条の目的達成のために次の事業を行う。

　　　　⑴ 学会誌『人間教育学研究』と『教育フォーラム』の編集発刊

　　　　⑵ 研究発表会，講演会等の開催

　　　　⑶ その他の必要な事業

〈会員〉

第5条　本会の会員は次の4種とする。

　　　　⑴ 正会員

　　　　　　本会の目的に賛同し，会長の承認のもと，所定の会費を納めたもの。

　　　　⑵ 学生会員

　　　　　　将来教員を志す学部（短大・専門学校を含む）の学生，また真摯に本学会で自
　　　　　　己研鑽を目指す志のある学生で，指導教員の承諾を得て，会長の承認のもと，
　　　　　　所定の会費を納めたもの。

　　　　⑶ 賛助会員

　　　　　　本会の趣旨に賛同する団体で会長が認めたもの。

　　　　⑷ 特別会員（特別顧問）

　　　　　　本会の充実・発展に特に寄与するものとして，会長が認めたもの。

　　2　本会に入会しようとする者は，必要事項を記入した申込書を事務局に提出し，
　　　　会長の承認を経て会員として認められる。学生会員については，指導教員の承
　　　　諾印が必要である。

　　3　退会しようとする者は，文書によりその旨を事務局に申し出，会長の承認を経て，
　　　　当該年度末をもって退会とする。なお，所定の会費を2年以上納入しない者は，

　　　　退会となる。

第6条　本会の会員は，学会誌『人間教育学研究』に投稿し，また研究発表会その他の行
　　　　事に参加することができる。投稿規定は別に定める。

第7条　本会の正会員，特別会員は，学会誌『人間教育学研究』と『教育フォーラム』の
　　　　配付を受けることができる。学生会員と賛助会員は，学会誌『人間教育学研究』
　　　　の配付を受ける。また，学生会員は正会員，特別会員の指導助言を受けることが
　　　　できる。

〈役員〉

第8条　本会に，次の役員をおく。

　　　　(1) 会長

　　　　(2) 幹事長

　　　　(3) 理事

　　　　(4) 幹事

　　　　(5) 学会誌『人間教育学研究』編集長

　　　　(6) 監事

　　2　会長は，本会を代表する。

　　3　会長は，幹事長，理事，幹事，学会誌『人間教育学研究』編集長を任命する。

　　4　会長に事故ある場合には，予め会長が指名した順にその職務を代行する。

　　5　会長は，理事会の招集，開催を必要に応じて行う。理事会は，会長から提案さ
　　　　れた年間の予算，決算，事業計画，事業報告を議する。幹事会は，理事会の議
　　　　を経た年間の予算，事業計画を遂行する。

　　6　幹事長は，会長の指示の下，幹事会を構成し，本会の運営にあたる。なお，必
　　　　要に応じて事務担当をおくことができる。

　　7　監事は会計，及び事業遂行の監査にあたる。監事は会長が委嘱する。

　　8　役員の任期は2年とし，会長は役員任期終了前に次期役員を任命し，定期総会
　　　　で報告する。なお，各役員の再任を妨げない。

第9条　本会に幹事会をおく。

　　2　幹事会は，前条第1項第4号の委員並びに事務担当をもって構成し，幹事長が
　　　　これを代表する。

　　3　幹事会は，学会誌『人間教育学研究』発刊に対して必要な意見を編集長及び編
　　　　集委員に述べ，発刊が円滑に行われるようにする。

　　4　幹事会は，会長の指示を受け，幹事長の下，日常の学会活動を効果的，円滑的
　　　　に運営する。

第10条　本会は，学会誌『人間教育学研究』と『教育フォーラム』を発刊する。

　　　2　会長は，学会誌『人間教育学研究』編集長を任命する。学会誌『人間教育学研究』
　　　　は，編集長と，会長が任命した編集委員によって行う。その際，会長の指示を
　　　　受けた幹事会の意見を生かし，円滑に発刊できるようにする。

　　　3　会長は，『教育フォーラム』を編集する。幹事会は，会長の指示を受け，『教育
　　　　フォーラム』を円滑に発刊できるようにする。

〈総会〉

第11条　本会は第3条の目的を達成するために，年1回，日本人間教育学会総会を開催す
　　　る。また，会長が必要を認めた場合には臨時総会を開く。総会は正会員，学生会員，
　　　賛助会員をもって構成し，議事は正会員出席者の過半数の同意をもって決定する。

〈会計〉

第12条　本会の経費は，会員の会費及びその他の収入による。

　　　2　本会の会費は，付則の定めるところによる。

　　　3　本会の会費は，前納するものとする。

　　　4　本会の会計年度は4月1日より翌3月31日までとする。

〈改正〉

第13条　本会則の改正は，会長が行い，総会において発表する。

【付則】

　　　1．会費は，以下のものを納める。

　　　　正会員　　　　5,000円

　　　　学生会員　　　2,500円

　　　　賛助会員　　　一口10,000円

　　　2．本会則は，平成27年10月18日より発効する。

●執筆者一覧 （執筆順）

梶田叡一 （かじた・えいいち）　　　　　聖ウルスラ学院理事長・日本語検定委員会理事長

鎌田首治朗 （かまだ・しゅうじろう）　　桃山学院教育大学人間教育学部教授

二瓶弘行 （にへい・ひろゆき）　　　　　桃山学院教育大学人間教育学部教育監・教授

湯峯　裕 （ゆみね・ひろし）　　　　　　桃山学院教育大学人間教育学部教授

杉浦　健 （すぎうら・たけし）　　　　　近畿大学教職教育部教授

永田里美 （ながた・さとみ）　　　　　　明星大学教育学部教育学科准教授

今西幸蔵 （いまにし・こうぞう）　　　　高野山大学文学部教育学科主任兼特任教授

中村　哲 （なかむら・てつ）　　　　　　桃山学院教育大学人間教育学部客員教授

古川　治 （ふるかわ・おさむ）　　　　　桃山学院教育大学人間教育学部講師

中間玲子 （なかま・れいこ）　　　　　　兵庫教育大学大学院教授

汐海治美 （しおかい・はるみ）　　　　　聖ウルスラ学院顧問・宮城県詩人会理事長

蔵あすか （くら・あすか）　　　　　　　山陰心理研究所 臨床心理士・公認心理師

龍神美和 （りゅうじん・みわ）　　　　　桃山学院教育大学人間教育学部准教授

阿部秀高 （あべ・ひでたか）　　　　　　森ノ宮医療大学保健医療学部教授

宮坂政宏 （みやさか・まさひろ）　　　　桃山学院教育大学企画室長兼担講師

教育フォーラム70

自己を創る
自己教育に取り組む姿勢と力を

2022年8月31日　初版第1刷発行　　　　　　　　　　　　　　　　　　　　検印省略

責任編集　　　　　梶田叡一
編集ⓒ　　　　　　日本人間教育学会
発 行 者　　　　　金子紀子
発 行 所　　株式会社　金子書房
　　　　　　　〒112-0012　東京都文京区大塚3-3-7
　　　　　　　TEL 03-3941-0111　FAX 03-3941-0163
　　　　　　　振替　00180-9-103376
　　　　　　　URL　https://www.kanekoshobo.co.jp
印刷／藤原印刷株式会社
製本／一色製本株式会社

ISBN 978-4-7608-6020-3 C3337　　　　　　　　　　　　　　　　Printed in Japan